Rédaction : Suzanne Agnely et Jean Barraud,
assistés de J. Bonhomme et N. Chassériau.
Iconographie : A.-M. Moyse, assistée de N. Orlando.
Mise en pages : E. Riffe, d'après une maquette de H. Serres-Cousiné.
Correction : L. Petithory, B. Dauphin, P. Aristide.

© Librairie Larousse. Dépôt légal 1981-1er - No de série Éditeur 12383.
Imprimé en France par Jean Didier, Strasbourg (Printed in France).
Librairie Larousse (Canada) limitée, propriétaire pour le Canada
des droits d'auteur et des marques de commerce Larousse.
Distributeur exclusif pour le Canada : les Éditions françaises Inc.
licencié quant aux droits d'auteur et usager inscrit des marques pour le Canada.

Iconographie : tous droits réservés à A. D. A. G. P. et S. P. A. D. E. M.
pour les œuvres artistiques de leurs adhérents.
ISBN 2-03-252129-6

trésors de la nature

les grands spectacles
de la nature

féeries souterraines

féeries sous-marines

des jardins paradis

Librairie Larousse

17, rue du Montparnasse, 75006 Paris.

Annie Mongeon
48 Rue De Saint-Pierre
Boucherville QC J4B 4S7

Annie Mongeon
48 Rue De Saint-Pierre
Boucherville QC J4B 4S7

les grands spectacles de la nature

Selon la légende maorie de la Création du monde, la terre et le ciel étaient deux amants passionnés. Brutalement séparés par les forces conjuguées des fils nés de leur étreinte, ils ne cessent de se contempler, tantôt pour se désoler, tantôt pour s'adresser des messages d'amour.

Ainsi la terre, dévorée par son feu, frémit et parfois se déchire, ou bien se dessèche et se durcit dans l'amertume des déserts salés de ses larmes.

Le ciel la caresse, la baigne de ses pluies bienfaisantes, la drape de verdure et la pare de fleurs, des scintillants bijoux des lacs, du diamant des cascades et des neiges. Un poète l'a dit : « Le ciel fait l'amour à la terre. » Comme tous les amours, celui-ci éblouit par ses trouvailles, dont certaines bouleversent, et d'autres

attendrissent. Napoléon écrivait à Joséphine : « Nous naissons, vivons et mourons au milieu du merveilleux ! »

la terre

Noyée d'abord par le chagrin, la terre a laissé tomber au fond des eaux les débris que lui arrachent les années et les vents. Les frémissements qui, en permanence, agitent ses flancs — on enregistre chaque jour, de par le monde, plusieurs centaines de tremblements de terre — troublent les abysses marins, secoués par la

▲
Depuis la plus haute antiquité, les oliviers au tronc noueux et au feuillage lumineux sont la richesse du bassin méditerranéen.
Phot. Ville-Fotogram

▲
Les gueules béantes des volcans en activité laissent périodiquement échapper le magma en fusion qui constitue le cœur brûlant de notre planète.
Phot. Vulcain-Explorer

fièvre jamais apaisée de l'ardent noyau originel. Alors des clivages se forment, des failles se creusent, des reliefs se soulèvent, des montagnes jaillissent, lentement infléchies, bousculées, déchiquetées par un tumulte gigantesque. Lorsqu'il s'apaise, les crêtes s'émoussent, les pics s'ébrèchent, les versants se ravinent. L'érosion sculpte, cisèle et, tout autour du globe, s'enroule une guirlande de monts et merveilles.

La montagne

Les plus puissants élans de la terre vers le ciel perdu semblent atteindre celui-ci, y porter un message. À leur pied, les hommes, conscients de leur insignifiance, ont fait des montagnes les trônes de leurs divinités : Olympe, Sinaï ou Fuji-Yama. Sur tous les continents, toutes les races ont éprouvé le respect superstitieux qu'inspirent les hauts sommets. L'Himalaya forme le « Toit du monde », la Nanda Devi est la « Déesse bénie », et l'Annapurna dispense l'abondance. La Jungfrau (« Jeune Fille ») resta longtemps inviolée, drapée dans sa virginale blancheur, tandis que le Cervin s'affirme viril, grandiose, dédaigneux, repoussant d'un souffle dans l'abîme ceux qui prétendaient le conquérir. Les Chinois peuplent de mille bouddhas la montagne de Jinan. Les crêtes en dents de scie de Méroé inspirent les pyramides de haute Nubie, comme la masse tronquée de la cime de l'Occident, dans la fournaise de la vallée des Rois, fait naître les tombeaux géants des pharaons divinisés.

▲
Au flanc de l'Everest, une crête de neige façonnée par la fonte superficielle a formé des « pénitents » de glace aux cagoules pointues.
Phot. Carot-Fotogram

▲
*Val d'Aoste : la vallée de Courmayeur et les Alpes
italiennes vues de la pointe Helbronner.*
Phot. Delaborde-Explorer

En Nouvelle-Zélande, le mont Cook est surnommé « Perceur de nuages », tandis que l'africain Kilimandjaro s'en fait des écharpes et que le mont Blanc joue à cache-cache avec eux, aujourd'hui invisible, pour paraître, demain, à portée de la main. Le Fuji-Yama se dessine avec la sereine pureté d'une figure de géométrie, alors que des chaînes se hérissent d'aiguilles, effilent leurs arêtes, dressent à l'horizon la muraille de leurs falaises, cognent de leur front de roc la voûte du ciel ou s'effondrent en éboulis cyclopéens.

On croit les montagnes immobiles, impassibles et à jamais figées, mais des détails révèlent leurs convulsions secrètes : un fossile imprimé dans la roche, la comparaison des récits de voyageurs les ayant parcourues à des siècles d'intervalle et les relevés géodésiques trahissent leurs plus intimes mystères, surtout depuis qu'on peut les photographier d'un avion ou d'un satellite.

On voit alors se préciser l'ossature du monde : les grandes chaînes qui traversent les continents, franchissent les océans, s'inscrivent en pointillé dans les archipels et s'émiettent en îlots, en écueils, en rochers que la mer, finalement, disloque, roule en galets sur les grèves, ensevelit en son sein tourmenté.

Pour cette terre « excessivement vieille et si jeune », disait Gide, pour laquelle rien n'est jamais inutile ni dérisoire, et qui témoigne, par le gigantesque et par le microscopique, pour ceux qui savent lire son grimoire, de millions et de millions d'années d'histoire, ce rythme est un cycle aussi vital et aussi régulier que la circulation du sang.

Les hautes montagnes, dressées jusqu'à 8 880 m en pics ou en massifs, groupées en troupeaux sous la toison des neiges ou isolées comme des vigies, sont les lettres majuscules de ce long récit, où il y a bien des ratures. Arrogants lorsqu'ils sont neufs, taillés dans un roc en apparence éternel, ces monts, à la longue, se tassent, s'usent, s'effondrent.

Tantôt leur sommet raboté par le vent s'aplanit et leurs parois, poncées par les pluies, s'équarrissent. Les *ambas* offrent leur socle trapu aux *ksour* éthiopiens. À l'extrême sud de l'Afrique, là où les eaux de deux océans se rencontrent, la montagne de la Table étale, à 1 200 m d'altitude, son plateau recouvert d'une nappe de brumes blanches ; tandis qu'à l'extrême nord du monde connu, dans le paysage glacé du Groenland, bleu et blanc comme une bannière de Notre-Dame, le mont Dundas se dresse comme une sombre bitte d'amarrage, retenant Thulé aux frontières de la légende.

Il arrive aussi que les forteresses géantes des grands massifs, les remparts qui paraissaient inexpugnables se lézardent sous les assauts des plus sournois des dangers : l'eau, qui chante dans les torrents, dévale les versants, s'irise sur les crêtes, mais que le gel transforme en un cristal plus redoutable que le poignard d'obsidienne des prêtres sacrificateurs. Elle s'infiltre dans la moindre fissure, se dilate et, transparente comme le verre, en apparence aussi fragile, fait éclater le granite le plus dur. Elle s'accumule en névés sur les sommets, glisse en fleuve sur les pentes, charrie des blocs erratiques arrachés au passage, s'enfle en mer de glace qui chemine implacablement et, de son boutoir, ouvre des vallées, creuse des cirques, déchaîne des avalanches, rejette les rochers polis qu'elle traîne dans ses franges.

Les glaciers

Aux deux pôles, qui fixent de leur clou de glace l'axe de rotation de la planète, les neiges s'entassent et, emportées par leur propre poids, glissent vers la mer, s'y brisent et partent à la dérive. Les montagnes flottantes des icebergs dressent, dans une lumière d'étain, des murailles de 70 m, mais neuf dixièmes de leur énorme masse sont invisibles sous l'eau grise.

La glace déchiquette de ses morsures les arêtes du Spitzberg, « pays des Montagnes aiguës ». Les fleuves gelés d'Islande disloquent, écartèlent et broient le socle de l'île, comme un

brise-glace s'ouvrant un chemin dans une mer solidifiée.

Les grands glaciers groenlandais s'effondrent dans l'Arctique par pans entiers, dans un assourdissant vacarme et un nuage de poussière diamantée. Les glaciers canadiens s'égouttent dans des lacs cristallins. Celui de Columbia, en Alaska, s'émiette dans la baie du Prince-Guillaume, éparpillant les îles qu'il a arrachées à la côte. Issus des vertigineux sommets du

◄
Groenland : tels des fleuves au débit imperceptible, les glaciers coulent lentement vers l'océan, où ils se brisent en icebergs qui partent à la dérive.
Phot. A. Robillard

Cachemire, les glaciers pakistanais ruissellent en eau si pure qu'elle est élixir de longue vie.

La mer de Glace étire une langue de 14 km au cœur des Alpes et, la température s'étant réchauffée, reflue lentement vers les crêtes. Dans les Alpes néo-zélandaises, le Tasman précipite une cataracte de séracs d'un blanc de lait, tandis que son voisin, le Franz Josef, déroule en pente douce ses champs glaciaires avant de s'abattre à pic, vrai Niagara solide, en

formant une formidable barrière naturelle. L'air est d'une pureté de cristal. Sur les parois éblouissantes, la moindre arête, la plus légère striure est soulignée d'une ombre, violette ou pourpre, reflétant les coloris des lupins qui foisonnent au pied même du glacier.

Alliée au froid insidieux qui fend le roc des cimes, aux courants d'air sournois qui se faufilent dans les défilés et aux nuages qui se figent sur les sommets, l'eau est souveraine.

Goutte à goutte — chacune d'elles multipliée par l'infinité des autres, comme les grains de blé sur l'échiquier du vizir —, elle change la face du monde, tel le pouce du sculpteur modelant le bloc de glaise. Les ruisseaux et les cascades dévalant à grand bruit, le brouillard qui baigne les vallées, les pluies qui douchent les versants diluent la montagne. Celle-ci s'écoule en limon qui fertilise les vallées, en éboulis qui barrent les cours d'eau.

▲

Argentine : les glaciers peuvent aussi se déverser dans un lac, comme le Perito Moreno, qui descend des Andes de Patagonie pour alimenter le lac Argentino.
Phot. Frey-Image Bank

Les jeux de l'érosion

Parfois, aussi, la nature s'amuse, comme un enfant qui joue au sable.

Quelques pierres dures dans un sol poreux ou fragile, et les voilà qui émergent, isolées, à la fois vulnérables et épargnées. On voit se dresser des piliers, se détacher des rocs cyclopéens ou se découper des silhouettes étranges. Les cheminées des fées des Dolomites sont surmontées du caillou qui les abrite. Les monolithes du Colorado semblent coiffés d'un béret basque. Des champignons géants ont éclos en Espagne dans la Ciudad Encantada de Cuenca.

C'est également l'érosion — le vent qui ponce, l'humidité qui pénètre, la pluie qui rince — qui, en Australie, a dégagé les pinacles de Nambung, parmi un délicat scintillement de roses de sable, érigé la colossale vague minérale de Hyden Rock et dénudé le « magnifique caillou » d'Ayers Rock, échoué comme un hippopotame dans le *bush.*

C'est encore l'érosion, architecte grandiose, qui a dressé dans le désert torride des Navajos (Arizona) les donjons et les citadelles de Monument Valley ; elle qui a ciselé les orgues de basalte de la tour du Diable, au Wyoming, où, selon les Indiens, le dieu du Tonnerre vient battre le tambour. Il n'est pas besoin d'une grande imagination pour discerner des formes humaines dans les roches rouges de la côte corse ou celles de Bryce Canyon (Utah). Les figures tracées par une main invisible sur des parois de pierre tendre, semblables à celles que le maître dessine au tableau noir, ont inspiré les fresques d'Égypte, les bas-reliefs des temples hindous et les sculptures des cathédrales, car l'art ne s'écarte de la nature que pour la transcender. Le fantastique apparaît en

◄
États-Unis : les forteresses de grès rouge de Monument Valley balisent le désert de l'Arizona.
Phot. Plossu-Marco Polo

▲
États-Unis : l'érosion a sculpté dans la falaise du Bryce Canyon (Utah) d'étranges architectures aux teintes changeantes.
Phot. F. Kohler

éléments d'un colossal mobile, mais encore ils se balancent par grand vent. À Tandil, en Argentine, un rocher de 400 tonnes basculait depuis des siècles sous la simple pression de la main et cassait une noix sans l'écraser : il s'est effondré de lui-même, sans que l'on sache pourquoi, en 1912.

Dans la baie de Phang Nga, en Thaïlande, on voit émerger les têtes de géants noyés, qui évoquent les étranges légendes de royaumes sous-marins ; ce sont des rochers ravinés, ruisselants et chevelus d'herbes gluantes. Est-ce la mer, aussi, en un temps si reculé·qu'il échappe à toute recherche archéologique, qui a brassé, jusqu'à les rendre ronds comme des galets, les granites roses de Tafraout (Maroc), les billes du Tamrit (Algérie) et les blocs monstrueux de Jabalpur (Inde) ? Éparpillés dans les déserts ou sur les hauts plateaux, émergeant des eaux basses des rades, ces rochers semblent les pièces d'un immense jeu d'échecs, que seules peuvent mouvoir les forces d'une nature capricieuse et toute-puissante.

Gorges et ravins

Refusant de se briser, Durendal, l'épée du preux Roland, ouvrit, dit-on, une brèche dans les Pyrénées. Quel glaive a tranché net les épaisseurs de grès, de basalte ou de porphyre de la faille de Tundavala, en Angola, de la Roche à Bayard des bords de Meuse et, dans le désert australien, du Standley Chasm, si étroit que le soleil n'y pénètre, en douche aveuglante, que lorsqu'il est au zénith ? Seule une piste où deux cavaliers peuvent à peine se croiser se faufile, dans le djebel Sarhro (Maroc), entre des murailles brûlantes dont un ciel d'indigo souligne les tons cuivrés.

Plus troublante encore est, en Jordanie, l'entrée du défilé du Siq, étranglée par d'énormes renflements de grès. Profond et mystérieux comme les vulves de pierre des temples de l'Inde où se pratiquent les secrètes initiations d'amour, ce seuil sans clé ni grille, qu'interdisait seulement la terreur de l'inconnu, a gardé pendant des siècles les trésors de Pétra, la ville sacrée des Nabatéens, oubliée au creux de la montagne rouge avec ses temples et ses tombeaux.

À Taiwan, une pénétrante odeur de camphre et d'épices baigne les gorges de Taroko, où, par millions de tonnes, le marbre le plus pur affleure sous les feuillages musqués. Sinistres comme Pancorbo (Espagne), tragiques comme Roncevaux, où l'on croit encore percevoir des appels de cor et des râles, combien sont-ils ces couloirs torrides ou noyés d'ombre, ouverts au flanc des monts et longtemps piétinés par les troupeaux transhumants, les bestiaux, les armées, guettés du haut des cimes par le rapace ou l'ennemi à l'affût ?

Il arrive aussi que la montagne, telles ces farouches pleureuses qui se déchirent la poitrine et le visage, s'ouvre, dirait-on, jusqu'au cœur, et saigne. Le Grand Canyon du Colorado

Cappadoce dans les blêmes silhouettes en cagoules d'Üçhisar et les forêts de cônes de la vallée de Göreme, ou en Afghanistan, dans le ricanement édenté des passes de Bamian, ouvrant leur bouche d'ombre dans les falaises rongées qui défendent la ville Rouge. Et qui n'hésiterait à s'aventurer dans le labyrinthe pétrifié de la province chinoise du Yunnan ?

À Buffalo, les deux rochers du « Baiser » s'effleurent ; le Roc-Crapaud du mont Abu, aux Indes, semble toujours prêt à bondir dans le lac ; en Nouvelle-Zélande, deux sphinx se contemplent dans la baie de Wangaroa, et les Devil's Marbles sont, pour les aborigènes australiens, les « Billes du diable ».

Seule la nature, qui connaît le secret des plus prodigieux équilibres, pouvait superposer les Balancing Rocks qui dominent, au Zimbabwe, les Matopo Hills ; car non seulement ces énormes blocs de granite sont empilés comme les

▲
Maroc : les parois verticales des gorges de l'oued Todhra, dans le Haut Atlas, atteignent, par endroits, plusieurs centaines de mètres.
Phot. Marmounier-C. E. D. R. I.

▶
États-Unis : le Grand Canyon que le fleuve Colorado a creusé dans le sol stratifié de l'Arizona est considéré comme l'une des Sept Merveilles naturelles du monde.
Phot. M.-L. Maylin

Double page suivante :
États-Unis : le vent modèle et remodèle inlassablement les sables blancs du désert de gypse des White Sands (Nouveau-Mexique).
Phot. Vautier-Decool

est une blessure béante, encore à vif, qui balafre le haut plateau américain sur plus de 70 km. Par endroits, la plaie cicatrise, des terrasses se succèdent en gradins, des crevasses se comblent, un duvet végétal repousse. Soudain, c'est l'abîme, dont on n'ose sonder les profondeurs qui grondent, bouillonnent, fermentent. Les pans d'ombre ont des reflets violacés, des nuances de plomb. Entre des parois nues où le grès, le marbre, le granite et la lave alternent en stries multicolores, on voit émerger des pinacles d'or pâle, des pyramides marmoréennes, des aiguilles de verre filé, des cristaux polychromes, tout un bric-à-brac cyclopéen, jeté pêle-mêle dans la fissure, ici tellement vaste, là si abyssale qu'on y perd tout sens des proportions. On est saisi de vertige, de la conscience écrasante de son insignifiance, mais aussi d'une exaltante impression de puissance. La poitrine élargie, le regard ébloui, on touche à l'essentiel, au délire du commencement du monde.

Des cirques, des ponts et des chaussées

Les plaines infinies angoissent, les gouffres fascinent, les cirques dressent leur théâtre où la représentation est permanente.

Quel mystérieux architecte, se demandait Victor Hugo, a étagé les gradins de Gavarnie, sous leurs banquettes de neige ou leur vernis de glace, pour que, dans le décor majestueux des pics pyrénéens, on assiste au concert que donne le gave de Pau ? Les sept cascades lancent leurs notes cristallines en une gamme perlée, ruisselante et mousseuse, le torrent s'élançant de plus de 440 m pour rebondir deux fois et se briser à grand fracas au fond de la coupe géante, rejaillissant, écumant, s'éparpillant, fouissant la neige durcie et s'y frayant un chemin sous de fragiles ponts de glace.

La nature n'a pas eu besoin de diplômes pour ouvrir, dans une paroi des Andes, une fenêtre qui donne son nom à la chaîne de la Ventana,

ni pour jeter des ponts suspendus comme celui des Incas, à Mendoza, en Argentine, ou l'arche de Tasman, en Tasmanie, ouvrant vers la mer une voûte de 60 m, ou, plus impressionnant encore, le Rainbow Bridge qui enjambe un ravin du Colorado. Dominant l'abîme de 960 m, le balcon naturel du point de vue du Glacier permet d'admirer, en Californie, le plus beau panorama de la vallée du Yosemite.

Le tunnel de Torghatten, en Norvège, a été creusé par le sel, le gel et le vent mieux que par la plus puissante machine. La mer a dallé d'une mosaïque de roches sédimentaires, scellée par le ciment du sable durci, l'isthme d'Eaglehawk (Tasmanie), et un volcan a échafaudé, avec des prismes de basalte, le majestueux escalier de la Chaussée des Géants (Irlande du Nord).

Les vallées

La vie de la terre a ses drames ; elle a aussi ses trêves. Tout se tient à sa place. Les océans se contentent de danser sous la lune : le flux, le reflux et quelques tempêtes. Les fleuves dorment, sages, dans leur lit. La nature peut œuvrer dans le calme, ensevelissant au plus creux, au plus chaud, les traces de ses sursauts, de ses débâcles, souvenirs d'une jeunesse turbulente que l'on découvrira des millénaires plus tard : feuille de fougère imprimée sur le roc, mammouth congelé dans le pergélisol, vestiges carbonisés des forêts primitives, huiles lourdes et, née de la fusion des minéraux nobles, l'éblouissante cristallisation des rubis, des émeraudes, des diamants.

C'est l'héritage longtemps ignoré, souvent dédaigné, un jour exploité et pillé. En attendant que cette heure sonne, la terre se laisse vivre et vieillir. Certaines de ses aspérités s'émoussent, sa rugueuse écorce s'adoucit, les vallées se ouatent de l'humus fécond des éboulements, du limon gras des alluvions, du terreau des pourritures végétales, qui font éclore, sous la fluide caresse des saisons, les fleurs, les moissons, les forêts.

Les montagnes, lasses de se dresser, hautaines, dans l'air raréfié ou les blizzards furieux, se pelotonnent, font le gros dos, arrondissent leurs croupes, creusent le tracé capricieux des vallées et se tapissent, douillettement, de pinèdes rêches, de jungles crêpues ou de grasses prairies.

Ici et là, par souci de contraste, dans des vals chauds comme des aisselles, des amandiers, des mimosas composent des bouquets sous des cieux gris et froids. Ailleurs, les oasis de palmes et d'orangers apportent leur fraîcheur et dénoncent la source enfouie sous le sable ardent.

Moelleux pâturages de la montagne à vaches, combes touffues, replis inattendus où la rocaille crée sa propre floraison, bien agrippée aux pentes les plus arides ; tapisserie patiente, riche en détails renouvelés, dont chaque saison remet à neuf les coloris et les reliefs.

◄

Aux yeux qui savent la regarder, la nature se contente d'une fleur, d'un insecte et d'un rayon de soleil pour offrir un tableau.
Phot. Herman-Explorer

Pour éviter les temps morts — la vie ne tolère pas d'entracte —, la Terre a eu la bonne idée de s'offrir, dans chaque hémisphère, des saisons complémentaires. Lorsque, en mars-avril, celui du Nord s'éveille au printemps, celui du Sud sort ses nuances d'automne. On pourrait discuter sans fin de l'instant et du lieu où la nature offre le plus de beauté. Un pommier en fleur est-il plus séduisant qu'un érable qui s'empourpre ? Le perce-neige des Alpes fait match nul avec le muguet géant du yucca des pampas. Les jungles tropicales entrelacent les lianes à orchidées, les fleurs opulentes et capiteuses, les fusantes fougères arborescentes et les mousses spongieuses gorgées d'eau, alors que les savanes piquent dans les chevelures légères de leurs hautes graminées des corolles fragiles, des grappes et des épis aux floraisons minuscules et compliquées. Avec les vents complices, les insectes voyageurs, les oiseaux gourmands de nectar, la nature disperse les pollens, qui franchissent les monts et les mers, et crée des combinaisons à l'infini.

Pour compenser une apparence mesquine, certaines plantes se consolent avec leurs vertus (la camomille soulage) ou leurs méfaits (la ciguë empoisonne). D'autres ont des pouvoirs plus mystérieux, calment la fièvre ou enflamment les sens, le ginseng prolonge la vie, la mandragore sert aux maléfices. Le trésor des sèves et des essences, des formes et des nuances, des goûts et des parfums est inépuisable.

Les déserts

Généreuse, vaillante, gorgée de richesses, la nature a pourtant ses « déprimes », ses passages à vide où elle semble renoncer, assommée de chaleur ou figée par le froid. Elle se décompose dans le sable ou la rocaille, elle prend l'aspect funèbre d'un astre mort. La tragique immensité des déserts est multipliée par l'angoisse que distille leur intense solitude. Primitivement, le terme ne signifiait, d'ailleurs, que l'isolement d'un lieu, qui pouvait se trouver au cœur d'une forêt ou à la pointe d'un cap. À mesure que le monde se peuplait et que les appétits et les besoins groupaient les hommes là où ils trouvaient leur subsistance et assuraient leur prospérité, le désert est devenu un lieu maudit, dont la vie s'est retirée. Au Néguev, la croûte terrestre s'est effondrée, une sécheresse implacable a minéralisé le paysage, en a fait une « terre de détresse et d'angoisse » qui terrifiait le prophète Isaïe, au point qu'il y voyait surgir des lions, des vipères et des dragons ailés. Dans la Vallée de la Mort, au seuil de la Californie, l'aridité est absolue, la chaleur infernale.

Les arbres ont disparu les premiers, desséchés sur pied, pliés par les vents brûlants, étouffés par la poussière et les tourbillons de sable. La terre, recuite et durcie, s'est craquelée, boursouflée, ou bien est tombée en poussière, a distillé son sel ou entassé ses cailloux. Ces régions n'ont en commun que leur désolation. Steppe sibérienne et toundra fouettées

►

Aujourd'hui comme hier, les caravanes de chameaux peuvent seules traverser les immenses dunes des grands ergs du Sahara, le plus vaste désert du monde.
Phot. Jaffre-Durou

les grands spectacles de la nature

13

mérite, la welwitschia, peut y vivre, paraît-il, mille ans.

N'y trouverait-on que le sable le plus stérile, le désert possède, du fait de l'immensité de son horizon et du dépouillement de ses lignes, une beauté auprès de laquelle les agréments des verdures fraîches et des jardins semblent futiles. On ne se lasse pas du spectacle du désert, car, à la fois changeant et immuable, il donne une impression d'éternité. Dans le chaos lunaire des pierres, le vent siffle et tournoie comme un chien perdu dans un labyrinthe ; dans l'enfer de la vallée des Rois, il soulève une âcre poussière ; dans les steppes sans obstacle, il s'emporte et se grise de sa propre violence ; dans le sable, il joue, pétrit, modèle, déplace, ondule, strie les dunes qui se creusent et se reforment comme les vagues de la mer. Les mamelons du Tanezrouft (Sahara) ont des rondeurs de coupoles, le moelleux d'un sein, d'une croupe. Dans la péninsule de Paracas, au Pérou, le vent fouette comme une crème un sable ambré et dense, y creuse un entonnoir, y dentelle des crêtes. En Arabie, une draperie fluide, argentée, glisse lentement vers le golfe Persique et s'éparpille en miroitant.

Car, dans la sécheresse absolue et la solitude infinie, la lumière prend, soudain, un éclat, une violence ou, au contraire, une limpidité extraordinaires. À l'horizon flottent des mirages, reflétés par les miroirs impalpables de l'air surchauffé. Des oasis, des palais, des silhouettes se dessinent et s'estompent, se brouillent comme les images d'un rêve.

Dans le paroxysme de midi, les reliefs s'effacent, mais, lorsque le jour se lève et, surtout, quand le soleil se couche, la moindre ondulation projette une ombre. Alors se compose une immense mosaïque, aux nuances sourdes et chaudes dans les creux, ailleurs baignée d'un glacis d'argent ou d'une blondeur de safran. La clarté tombe en rideau et ricoche, allumant des paillettes, des éclairs de mica. Sur les grèves de Namibie, ce n'est pas une illusion d'optique : ce qui brille, ce sont de vrais diamants !

La forêt

Ses racines ancrées au sol et sa cime tendue vers le ciel, l'arbre symbolise, mieux encore que la montagne — vivante, mais, en apparence, inerte —, le trait d'union entre la vigueur tellurique et les impalpables sources de vie que sont l'air, la chaleur, la lumière céleste.

De son propre élan, un arbre pousse droit comme un I, s'élevant quelquefois à des hauteurs stupéfiantes : les gigantesques séquoias californiens peuvent atteindre 140 m, et on passe avec un équipage de deux chevaux à travers le tronc du Wawona (ces patriarches millénaires ont tous un nom). Les bambous géants de Kandy, à Ceylan, forment une gerbe serrée de 30 m de tour, qui s'épanouit en panache mousseux. Les forêts de Kawaï, au Pakistan, touchent, dit-on, le ciel. Les cocotiers antillais s'alignent en haie d'honneur, minces

d'aveuglantes tempêtes de neige, étendues sur des milliers de kilomètres, sous le ciel d'acier du Nord ; hauts plateaux andins, sans verdure ni oiseaux ; monts chauves d'Afghanistan aux ombres froides ; pierrailles de Mauritanie : partout, l'espace nu se dilate jusqu'au vertige.

Qu'il s'accroche aux noires arêtes de granite plantées comme des stèles dans les sables du Hoggar ou aux troncs sans vie des forêts de roc du Yunnan, le regard se heurte à l'hostilité inflexible d'une nature qui se purifie par le vide.

Le soleil sans merci brûle, aveugle ; dès qu'il disparaît, un froid mordant lui succède. Dans le désert de Gobi, qui découragea même l'infatigable Marco Polo, la température passe de + 45 °C à − 33 °C entre le jour et la nuit. La chaleur a lapé jusqu'à la dernière goutte l'eau saumâtre des chotts maghrébins. En Australie,

elle a tari les fleuves, qui, après s'être « tordus comme des serpents sur la plaque d'un four », s'évaporent sans avoir trouvé la mer, et scellé le lac Eyre sous une dalle de gypse. En Éthiopie, elle fait bouillir les sources salées du Danakil. Les nuits glacées du Cachemire gainent de gel, comme d'un métal sans faille, les pentes du haut Indus.

Pourtant, si farouche et cruel qu'il puisse être, le désert garde, ici ou là, un reste de sève pour nourrir un maquis ras de broussailles épineuses ou un pelage rêche d'herbes sans exigence. En s'attardant, on y découvre des fleurs d'une délicatesse bouleversante, on y voit fourmiller une vie intense d'insectes, de lézards, de petits rongeurs.

Dans le Moçâmedes (Angola), près de la baie des Tigres, l'aridité est sans espoir, et cependant une fleur étrange, sans beauté mais non sans

▲
Le figuier de Barbarie aux raquettes piquantes est l'un des végétaux que la moindre trace d'humidité fait éclore dans l'aridité du Sahara.
Phot. Jalain-Top

▶
Au pied des monts Tatras, les gorges abruptes et verdoyantes de la Dunajec séparent la Pologne de la Tchécoslovaquie.
Phot. Sioen-C. E. D. R. I.

comme des joncs, portant très haut des plumets d'émeraude. Les colosses de la forêt amazonienne émergent à 40 m au-dessus de l'étouffante étuve de l'Enfer vert. Le plus gros arbre du monde est probablement le cyprès de Tuli, au Mexique, dont trente hommes, bras étendus, peuvent à peine ceindre le tronc.

En un monde dominé par les chiffres, où l'on mesure en années de lumière la distance de la Terre aux étoiles et en millièmes de millimètre les molécules vivantes, nul n'a dressé l'inventaire complet des espèces végétales qui peuplent les forêts du monde. Nul non plus, plongeant dans le plus lointain passé, n'a précisé l'âge des plus vieux de nos arbres. Le ginkgo serait l'ancêtre, antérieur même au cèdre du Liban, dans le bois duquel fut taillée la barque solaire du pharaon Chéops, retrouvée intacte au bout de cinq mille ans. Parce qu'il permet de remonter dans la préhistoire, le séquoia a été surnommé l'« arbre mammouth ». Le nombre de cernes de l'un de ces arbres a révélé qu'il était âgé de quelque 3000 ans lorsqu'on y porta la hache pour l'abattre.

Après les océans, c'est la forêt qui a recouvert le monde à sa naissance, épousant les heurs et les malheurs de ses métamorphoses, reflétant ses fièvres et ses refroidissements, couvrant ses ruines de son manteau.

Elle s'adapte à tous les terrains et à tous les climats. Dans la taïga sibérienne, elle s'étend sur plus de 5000 km ; les bouleaux alignent interminablement leurs troncs blancs, le délicat vert-de-gris de leur feuillage léger pavoisé par les baies rouges du sorbier des oiseleurs. La Forêt-Noire agrippe à la montagne ses sapins funèbres, remontant d'un geste las des écharpes de brume qui s'effilochent. Des mousses argentées pendent des cyprès chauves de Floride. Les palétuviers d'Indonésie s'avancent dans la mer pour défendre le rivage contre toute incursion.

Sous nos climats, les hêtres au tronc droit dressent leurs colonnes en perspectives sereines. Baudelaire y voyait des cathédrales et s'effrayait de leurs lumineuses profondeurs. La forêt a d'ailleurs toujours été le temple des divinités. Les druides cueillaient le gui dans les chênes sacrés, des esprits voltigent parmi les racines aériennes du banyan, le renne blanc légendaire galope dans la taïga transparente, les dieux germaniques peuplent les sapinières, et les fées dansent dans les fayards ardennais.

Ce sont des forêts harmonieuses, dont de mystérieuses lois règlent l'ordonnance, et qui demeurent sereines dans la plénitude, blondes à Soignies (Belgique) ou à Bellême (France), rousses dans le Vermont ou le Québec, exhalant une haleine d'eucalyptus qui indiquait à Giraudoux qu'il longeait le Portugal, ou tordant, sur les rivages de Grèce ou de Tunisie, les troncs torturés des oliviers.

Parfois la nature se laisse submerger par sa propre richesse, et aucun culte ne peut plus être rendu, sinon à la sève bouillonnante qui, de toute part, jaillit dans une anarchie farouche.

La jungle équatoriale voit s'affronter, par dizaines de milliers, des espèces qui se bousculent, s'étouffent, survivent par la violence ou

▲
Amazonie : la végétation inextricable de l'« enfer vert ».
Phot. S. Held

la ruse. Il faut, à tout prix, s'accrocher au sol spongieux, gorgé d'eau et de pourriture, se frayer un passage en écartant, en écrasant, en étranglant les voisins, pour conquérir enfin, dominant la toison épaisse des feuillages, le droit de respirer.

Dans ce combat, la nature distribue les armes et enseigne les manœuvres : des racines se nouent et s'articulent, s'enroulent comme des reptiles ; d'autres se haussent sur des échasses, dressent des remparts. Des feuilles durcissent, deviennent feutre, cuir, corne, aiguilles, étirent des lanières avides, tel le palmier-rotin dont les tentacules, terminés par un crochet épineux, peuvent atteindre 200 m.

C'est le domaine de la démesure, de la folie, d'une brutalité qui fait jaillir les sucs, les résines, les odeurs, les venins. Celui aussi, dans la pénombre moite que troue à peine un rai de soleil dilué de buée verdâtre, des fausses apparences, des coloris trompeurs, des formes qui se confondent : la liane et le serpent, le caïman et le bois mort, l'orchidée et l'araignée. Des fleurs énormes jaillissent des écorces ; des fruits, douteux ou exquis, y pendent. Amazonie, Cambodge, ceinture équatoriale de

l'Afrique noire : délire et pâmoison de la nature prise d'un cauchemar de puissance.

Ce n'est qu'un coup de chaleur. Des vents frais, des latitudes plus clémentes l'apaisent et, renonçant au fantastique, la nature se retrouve prévoyante, maternelle, dispensant ses dons en accord avec les besoins. Pour les espèces vaillantes qui acceptent de vivre aux frontières de la soif, elle invente les arbres-bouteilles, comme le monstrueux baobab, et l'élégant ravenala, ouvert en éventail pour appeler le voyageur qui trouvera de l'eau au creux de ses feuilles. Arbre à pain, érable qui pleure le sucre, gommier suant la résine ou le caoutchouc ; dans le cocotier des îles désertes, tout est bon, comme dans le cochon.

Certains bois flottent comme des bouchons, d'autres sont si denses qu'ils sont imputrescibles. Ces derniers exhalent parfois, lorsqu'on les blesse, des senteurs si puissantes que l'on ne pouvait abattre en une seule fois les vinhaticos de l'île de Madère : le parfum qu'ils dégageaient donnait le vertige. Le «bois enivrant» des pêcheurs antillais stupéfie le poisson, et le cèdre, devenu coffret ou colonne de temple, embaume pendant des siècles.

◄
Baobabs de Madagascar : ces arbres énormes, dont il existe plusieurs espèces et dont le nom signifie « arbre de mille ans », ont une telle longévité qu'ils semblent immortels aux hommes de la brousse.
Phot. Philippart de Foy-Explorer

▲
Les maigres silhouettes des acacias dressent leurs ramures en forme d'ombrelles dans la brousse équatoriale.
Phot. Hervy-Explorer

Aux espèces déshéritées, exilées dans la pierraille ou exposées aux rafales, la nature offre ses inépuisables ressources de vigueur : l'eucalyptus australien se tord sous le typhon, le chêne-pieuvre des Landes se noue, poings serrés, dans la dune qui se dérobe. Le vent échevèle les arbres qui s'aplatissent sous les ouragans de la Terre de Feu. Les épineux du désert fouissent le sable brûlant jusqu'à trouver un peu d'humidité.

Des arbres qui meurent, la nature minéralise les souches, en fait, en Arizona, en Syrie, des forêts pétrifiées dont les fûts ont jusqu'à 50 m. Le bois durci, veiné, jaspé devient agate, onyx, sardoine.

Ayant ainsi, peu ou prou, subvenu aux maigres exigences de ses pauvres, la nature peut, avec une exubérance sans frein, une invention sans limites, se donner le luxe de ses arbres à fleurs, flamboyants, magnolias et frangipaniers. Sa palette inépuisable teinte les bois — de l'ivoire du sycomore au noir de l'ébène —, les feuillages — d'argent, de rouille ou d'émeraude —, les corolles et les grappes, les chatons, les écorces, les champignons, les mousses.

Le pommier de l'Éden portait la Connaissance, le figuier sacré accueillit le Bouddha pour recevoir l'Illumination, l'arbre de Jessé est chargé de rois comme d'autres le sont de fruits.

C'est dans l'arbre, dans sa longévité, sa longue patience, son endurance et sa fécondité, ses dons multiples et, complément des bienfaits du soleil, la fraîcheur veloutée de son ombre, que la nature a réalisé le plus familier de ses innombrables chefs-d'œuvre.

Les animaux

Sur les cartes anciennes et les enluminures, les navigateurs, les moines et, après eux, les peintres du fantastique ont dessiné des bêtes d'Apocalypse, croyant inventer ce que la nature avait créé bien avant eux.

Dans l'animal — un degré de plus dans la perfection de son œuvre —, la nature, une fois encore, a mêlé le monstrueux au sublime. Donnant aux uns la vigueur, aux autres la légèreté, la souplesse ou l'éclat, elle a fait la panthère noire et le papillon ; caché au fond des mers, par coquetterie, des coraux et des poissons de pierreries ; fignolé, comme un diamant, l'œil à facettes de l'insecte ; donné aux plumages des oiseaux des coloris de haute couture ; articulé et peint les écailles de sauriens minuscules, griffus, dentus et épineux comme les dragons des légendes.

Infiniment plus nombreux que les couples recueillis par l'arche de Noé, les animaux ne sont limités que dans le colossal — l'éléphant, la baleine —, jamais dans la miniature : le microscope en découvre chaque jour de nouvelles formes, ramenées à l'élémentaire. La nature n'en dédaigne aucune. Elle arme, sous les flots, un corail vivant qui ne sait s'il est minéral, végétal ou animal, permet au caméléon de dépister son prédateur et guide le saumon

vers son lieu de frai, dans le ruisseau qui l'a vu naître.

Pour la nature, la vie, à tout prix et dans n'importe quelles conditions, est un impératif, mais, dans le même temps, elle l'assure par la mort, car c'est, dit Sade, « par la destruction qu'elle renaît, par des crimes qu'elle subsiste, c'est en un mot par la mort qu'elle vit ».

Dans les parcs nationaux, préservés dans le monde entier avec un soin jaloux pour sauver les espèces en péril, celles-ci s'entre-dévorent quotidiennement. Kruger Park (Afrique du Sud) et Gorongosa (Mozambique), où la nature triomphe sans contrôle, sont le théâtre saccagé d'un drame quotidien. Le lion y mange la gazelle, l'éléphant broie, en s'y grattant, l'arbre dont la girafe a brouté le feuillage, la broussaille est jonchée d'ossements et de charognes. Aux Galápagos, les rapaces déchiquettent les tortues fraîches écloses. Les piranhas, en quelques minutes, mettent à nu la carcasse d'un bœuf blessé. Des milliers de pièges sont tendus, par l'araignée dans sa toile, le serpent minute enroulé dans une corolle, la perfide beauté de la fleur, du madrépore ou même du papillon carnivore.

Que faut-il admirer le plus : la grâce et l'éclat, ou bien le mécanisme compliqué, mille fois diversifié, qui anime les animaux et leur permet de se nourrir, de se défendre et de se reproduire ? Comment pourrait-on ne pas s'émerveiller du vol d'une libellule, du bond d'un jeune

▲
Les habitants de l'île de la Réunion sont habitués à leur volcan, le piton de la Fournaise, et ils ne s'inquiètent pas outre mesure de ses colères périodiques.
Phot. Vulcain-Explorer

chat, de la structure d'un nid, des alvéoles d'une ruche, d'une termitière géante ou des métamorphoses d'un têtard ?

le feu

Coiffée aux pôles de ses calottes de glace, la Terre est bouclée par une double ceinture de feu. L'une encercle le Pacifique, l'autre file, à travers océans et mers, des Antilles aux îles de la Sonde, unissant dans un même péril les rivages de trois continents.

Des volcans très anciens se sont assoupis : débonnaires, cossus, les monts du Puy-de-Dôme, cratères comblés, cônes écrasés, croupes enrobées d'herbages, distillent encore, souvenir de leurs turbulences de jeunesse, des sources bienfaisantes. Jailli de l'océan, le paradis de Madère, encore bosselé et raviné par des fureurs anciennes, se drape de vigne, d'hibiscus et de bougainvillées.

On pense n'avoir plus rien à redouter du Fuji-Yama, image même de la sérénité. Son cratère est devenu un sanctuaire, dont l'accès fut longtemps interdit aux femmes. Oublie-t-on que ses cendres, en 1707, ont recouvert Tōkyō, pourtant distante de 100 km ? De même, les Antillais, insouciants, ne s'inquiètent plus des exhalaisons de leur Soufrière (il y en a, pratiquement, une dans chaque île), en dépit des 30 000 morts ensevelis, en 1902, sous les flots de lave vomis par la montagne Pelée.

C'est que les volcans, avec leur profil majestueux, leur couronne de vapeurs ardentes et leur brasier secret qui rougeoie dans la nuit, où Haroun Tazieff a « rendez-vous avec le diable », fascinent par leur beauté et, comme bien des tyrans redoutables, dispensent longtemps leurs bienfaits. La vigne prospère et la banane mûrit vite sur les pentes fertilisées par les cendres, le feu de la terre chauffe la soupe et le bain, les eaux chargées de soufre ou de sels métalliques donnent vigueur et santé.

Bien sûr, il arrive que le volcan se fâche et que sa colère soit meurtrière. Même le Taal, ce « volcan de poche » des Philippines, qui ouvre sa bouche dans celle d'un cratère éteint, peut se réveiller et faire, d'un coup, 5 000 victimes. Et, au printemps 1980, le Mount St. Helens, dans l'État de Washington, a explosé, dégageant l'énergie de 500 bombes d'Hiroshima.

Quand un de ces monstres émerge de son sommeil trompeur, il éructe un furieux jet de vapeurs bouillantes, de pierres chauffées à blanc, de gaz détonnants qui obscurcit le ciel et s'étale en rideau avant de retomber en pluie de cendres, tandis que la lave déborde du cratère et coule en flots ardents que rien ne saurait contenir. C'est ainsi que Pompei fut momifiée, Santorin pulvérisée, une des Comores ensevelie, Krakatoa (Indonésie) engloutie.

Pour apaiser les esprits qui vivent au fond des insondables gouffres du Bromo, à Java, du

▶
Sicile : les Anciens voyaient dans les éruptions de l'Etna les reflets de la forge où Vulcain, dieu du Feu, travaillait avec les Cyclopes.
Phot. Krafft-Explorer

Ol Donyo Lengai (Kenya), le volcan sacré des Masaïs, et du plus grand volcan du monde, le Mauna Loa de Hawaii, les indigènes leur rendent un culte, jetant dans la gueule avide des colliers de fleurs, le bétail le plus gras et parfois, récemment encore, une vierge choisie entre les plus belles.

D'autres voient, dans ces montagnes qui respirent, frémissent, tressaillent et se déchirent, des Titans vaincus, enchaînés au plus profond de la terre, ou des amants pétrifiés : le Popocatépetl (Mexique) sanglote d'amour aux côtés de sa bien-aimée, la montagne voisine, dont il est à jamais séparé. Vulcain et ses Cyclopes forgeaient au feu de l'Etna.

À Bali, certains rites funèbres veulent qu'on abandonne aux laves chaudes des volcans la dépouille des morts. L'Islande refroidit sous ses brumes et ses eaux glacées les deux cents volcans qui l'agitent tous les cinq ans, bouleversant les paysages, ouvrant des failles profondes ou, au contraire, faisant jaillir de nouveaux cratères. Prurit cuisant, gigantesque furonculose. Aux Moluques, les volcans ont craché 130 îles ; au Mexique, en 1943, un paysan, plus ébloui qu'épouvanté, a vu surgir sous ses yeux la masse du Paricutín ; en janvier 1958, les pêcheurs de Faial, aux Açores, ont reculé devant l'île volcanique de Capelinhos, qui émergeait comme un monstre marin sortant de l'eau.

Geysers et solfatares

Explosive ou ralentie, l'éruption est souvent une tragédie, mais elle offre toujours le plus prodigieux des spectacles. Quand elle ne terrifie pas, elle exalte et stupéfie par ce qu'elle a d'irrépressible et de grandiose.

Puis les gaz délétères se dispersent, les cendres s'éparpillent, la lave refroidit. Les cratères s'effondrent, les volcans se tassent. Dans les profondeurs de la terre échauffée, le brasier reste ardent. Dix mille fumées s'exhalèrent pendant des années de la vallée de Katmai, en Alaska. À São Miguel, aux Açores, des sources brûlantes ou glacées jaillissent du même roc, la terre s'ouvre et crache, parmi des vapeurs épaisses, des boues et des jets d'eau en ébullition ; tout près, un parc déploie autour d'un bassin tiède une végétation tropicale. Sous le ciel froid de l'Islande, le feu des couches profondes couve les bananes et les orchidées des serres de Hveragerdi, et le lac Mývatn fume comme un bouillon. Dans le parc de Yellowstone, au Wyoming, merveille entre les mille merveilles du monde, 3 000 sources chaudes ruissellent, 200 geysers s'élancent, déployant leurs panaches, se relayant comme les jeux d'eau d'un jardin royal. Le mot «geyser» vient du plus fameux d'entre eux, le Geysir islandais, qui fuse à 65 m de hauteur. Ceux de Beppu, au Japon, surgissent, dit-on, de sources infernales et se répandent sur des rocs qu'ils teintent, étrangement, de nuances verdâtres, brunes ou sanglantes.

En Nouvelle-Zélande, les geysers déposent des cendres d'un blanc de neige, ou des glacis de silice rose ou ambrée sur les terrasses du lac Taupo. Autour du lac Rotomahaua, les rochers fument. Le lagon bouillant de la «Cuve à Champagne» est blondi par des parcelles d'argile. À Tikitere, où les Maoris voient les portes de l'enfer, la terre tremble en permanence de sa propre fièvre. La pierre fondue glougloute à gros bouillons parmi les arbustes jaunis de cristaux de soufre, dont l'âcre senteur emplit toute la région étrange et enchantée de Rotorua. Là, entre le tumulte du sol effervescent et des eaux s'élevant, en trombes brûlantes, à des dizaines de mètres, en une féerie vaporeuse où le regard se brouille, la buée brusquement déchirée par un souffle de vent révèle un buisson de fleurs ou le miroir d'un bassin. Alors on touche, à nu, la Terre, déesse mère, celle qui dispense tous les bienfaits et détient tous les secrets ■ Suzanne CHANTAL

▲
États-Unis : les quelque 200 geysers du parc national de Yellowstone (Wyoming) lancent à intervalles plus ou moins réguliers des colonnes d'eau chaude et de vapeurs.
Phot. Souricat-Explorer

l'eau

Dès les comptines berceuses, dès sa première leçon de choses, l'enfant apprend la ronde de la goutte d'eau, «la goutte au chant perlé» qui descend de la source, roule dans le torrent et le fleuve, se perd dans la mer, est bue par le soleil et retombe en pluie, en brume, en rosée, pour reprendre sa course sans fin.

«L'eau parle sans cesse et jamais ne se répète», dit un poète du Mexique, un pays qui sait le prix inestimable de cette eau qui, dans les déserts, se réfugie dans la pulpe des euphorbes candélabres et des agaves géants.

Comme ces lutteurs aragonais qui combattent étroitement unis, enlacés par le bras gauche, mais tenant un poignard dans la main droite, la terre et la mer se livrent, de toute antiquité, un duel passionné.

Lorsque l'ardent noyau central a commencé à se refroidir et que la croûte terrestre s'est figée, se déchirant, se craquelant, s'effondrant en tumulte, les nuages épais qui s'en élevaient se sont condensés pour retomber en un interminable déluge qui emplit les abysses. On pourrait immerger l'Himalaya dans les fosses profondes du Pacifique : le sommet de l'Everest serait encore à 2 000 m de fond.

Les eaux couvrent les trois quarts du globe et, source de toute vie, envahissent et régissent les terres sous tous les climats. C'est dans l'eau de mer — si proche du sang par sa composition — qu'est apparue la première cellule vivante, et les océans se sont peuplés plus d'un milliard d'années avant les continents. Le produit achevé, l'homme, un terrien, bien qu'il ait parcouru, exploré et trop souvent profané son double domaine de la terre et de la mer, ressent profondément la fascination du grand large, mais celui-ci continue à lui faire peur.

Métamorphoses

La nature a créé deux merveilles jumelles : l'eau et le diamant. Pour évaluer une pierre parfaite, on parle de son eau, et, lorsque la rosée givre l'herbe ou la branche, lorsqu'une poussière étincelante paillette l'air sur les pentes enneigées, on voit luire mille diamants.

Ainsi se rejoignent les plus précieuses créations de l'univers, l'une banale et l'autre rarissime : la plus indispensable et la plus luxueusement superflue.

L'eau prend tous les aspects, se dérobe sous les doigts, s'évapore dans le ciel ou s'engloutit sous terre, mais c'est pour reparaître ailleurs, sous une autre forme.

Le matin, elle noie de brume les vallées ; les brouillards s'effilochent sur les crêtes, la bruine dilue les contours, l'humidité ruisselle ou la pluie joue sa musique, tantôt en sourdine, tantôt en rafales. Les torrents bondissent, les cascades chantent, les ruisseaux se faufilent, les fleuves roulent des eaux «impassibles» ou houleuses, glauques, lourdes, et vont se perdre dans l'océan. Des embruns nimbent les vagues, des anneaux des fées flottent dans les clairières, l'eau monte en encens de la terre et de la mer vers le ciel.

Il arrive aussi que la terre retienne l'eau prisonnière, cristallisée par le froid qui empanache de neige, jusque sous l'équateur, le Kilimandjaro et fixe aux pôles les tares de glace

▲
À la fonte des neiges, les torrents de montagne caracolent allègrement de rocher en rocher.
Phot. Veiller-Explorer

qui équilibrent le globe. Le gel retient dans son élan, pendant des mois, la cascade chinoise de Phari et transforme en muraille les chutes du Niagara.

Ou bien encore, c'est l'eau qui rend à la terre ce qu'elle lui a volé, ciselant de patientes merveilles : fontaines pétrifiantes, où le plus humble objet se transforme en albâtre ; cathédrales des grottes, avec leurs orgues, leurs piliers, leurs draperies secrètes ; architectures baroques des terrasses des Mammoth Hot Springs du parc américain de Yellowstone ou vasques multipliées du féerique « château de coton » de Pamukkale, en Anatolie. Comme le Pactole, le Douro (Portugal) charriait des pépites d'or. Au Sri Lanka, le Ratnapura dépose des saphirs sur ses rives. On voit, dans les eaux rouges du Nahr Ibrahim (Liban), le sang d'Adonis, jailli sous l'épieu de Mars, et, au fond de la fontaine de la Villa des Larmes de Coimbra (Portugal), celui de la Reine morte égorgée.

Plus étrange encore est le message invisible, muet, que le Nouveau Monde envoie à l'Ancien, sous la forme d'un fleuve sans rivage qui ne se perd pas dans l'océan, mais le traverse du golfe du Mexique au cap Nord, en frôlant toute la côte d'Europe. À travers les tempêtes et les courants contraires, le Gulf Stream coule, plus chaud, souvent, de 12 °C que les eaux qu'il

▲

L'hiver, les ruissellements se figent en mille stalactites de cristal qui scintillent au soleil.
Phot. Turner-Image Bank

les grands spectacles de la nature

▲
Turquie : les vasques superposées du «château de coton» de Pamukkale ont été édifiées par des sources thermales saturées de calcaire.
Phot. Yavuz-Fotogram

écarte, élevant sur son passage des brouillards épais, défiant des grains violents et apportant à la Cornouailles et à l'Irlande, à la Bretagne et à la Norvège des camélias, des amandiers, des mimosas et des palmiers.

Les fleuves

C'est aussi comme un lien, souple et résistant parce que vivant, que le Nil relie à la Méditerranée, berceau de toute civilisation, les terres les plus sauvages de l'Afrique. Le Nil, « fleuve-dieu » où se retrouve, à un point ou à l'autre de son cours, l'image de tous les fleuves du globe.

Ils ne manquent ni de puissance ni de beauté, ces cours d'eau qui irriguent les continents comme les artères vivifient les poumons, ces chemins qui marchent en entraînant avec eux de grands exodes, ces géants parfois garrotés par les défilés de montagne — comme si l'on pouvait maîtriser et retenir un enfant qu'on a vu naître, mais qui a pris conscience de sa force et qui s'éloigne —, parfois égarés dans des méandres et des culs-de-sac où ils risquent de se perdre à jamais, répandant, avant de disparaître, l'héritage amassé en chemin.

L'Amazone américain bat tous les records de débit : c'est lui qui draine le flot le plus abondant, souvent perdu dans des bras morts, au cœur ténébreux des forêts dont la fièvre malsaine fait pulluler les insectes et les poissons venimeux.

Issu, dit-on, de la vache divine, le Gange indien purifie de toute souillure, mais se pollue à mesure qu'il s'éloigne de sa source : à Bénarès, il charrie la crasse, les débris et la cendre grasse des crémations. Le Mékong indochinois baigne dans ses flots un million d'éléphants. Le Yang-tseu-kiang chinois — « fils aîné de la mer » —, en dépit des tours et détours qui le font se dévider sur 5 300 km, est navigable sur la moitié de son cours, et il permet aux vaisseaux de guerre ou de commerce de remonter jusqu'au cœur de l'Asie. L'Ienisseï coule, ignoré, dans la solitude sibérienne.

Le Mississippi promène ses eaux jaunes entre les plantations de canne et les champs de coton des États-Unis, *Old Man River* écrasé de chaleur et de paresse. Le Saint-Laurent s'empêtre dans les glaces et les épais brouillards du Canada.

Des aristocrates — le Tibre, la Seine — ont des rives fameuses. Le Jourdain, l'Euphrate évoquent des temps bibliques. D'autres tracent des frontières. Le croirait-on ? L'Amour sépare et n'unit pas la Chine et l'U.R.S.S. Entre le Texas et le Mexique, le río Bravo permet à des bandits des deux rives d'échapper aux poursuites, et, entre l'Espagne et ses voisins, les contrebandiers franchissent à pied la Bidassoa ou le Minho complices. Le Styx séparait le royaume des vivants de celui des morts.

D'une impétuosité têtue, d'autres se cognent à des murs, les défoncent : Grand Canyon du Colorado, Portes de Fer du Danube, Trouée héroïque du Rhin. Le Tage est si terrible, à la Portas de Ródão, que l'on accordait jadis la liberté aux condamnés à mort qui le traversaient à la nage. Plus modestes, mais tout aussi fougueuses, de simples rivières, Tarn ou Verdon, ont seules creusé leurs gorges.

À la fois mystérieux et vénéré, gigantesque et vulnérable, déchaîné ou nonchalant, meurtrier et providentiel, le Nil les résume tous.

Les sources du Nil

Tel un héros qui sait que sa légende sera d'autant plus belle qu'elle gardera quelques pans d'ombre, le Nil tira longtemps son prestige du mystère qui enveloppait sa naissance. Ses six grandes cataractes — en fait, on en dénombre une trentaine — arrêtaient ceux qui tentaient de remonter son cours, et, surtout, il traversait des régions si désolées ou si farouches que le chercheur le plus aventureux, le commerçant le plus cupide et même les conquérants, d'Alexandre à Napoléon, se décourageaient.

Les esprits forts soutenaient que les eaux du Nil ne provenaient pas de neiges montagnardes, qui ne pouvaient se former sous le ciel chaud de l'équateur. Elles jaillissaient donc au seuil du grand désert, pour la prospérité de la vallée des pharaons. Les âmes simples croyaient qu'elles venaient du néant, ou du paradis. S'il faut en croire Aristide, les Égyptiens d'autrefois laissaient vieillir ces eaux en jarre close, comme un vin généreux, avant de les boire.

Plutôt que d'admettre que le fleuve qui faisait la fortune et le prestige de leur royaume échappait à leur contrôle et même à leur connaissance, les rois d'Égypte avaient décidé que le Nil naissait à Assouan, et ils y avaient élevé un monument.

◄

D'un seul bond, dans une poussière de gouttelettes, un ruisseau de l'Himalaya népalais franchit l'obstacle caché dans la verdure.
Phot. Weisbecker-Explorer

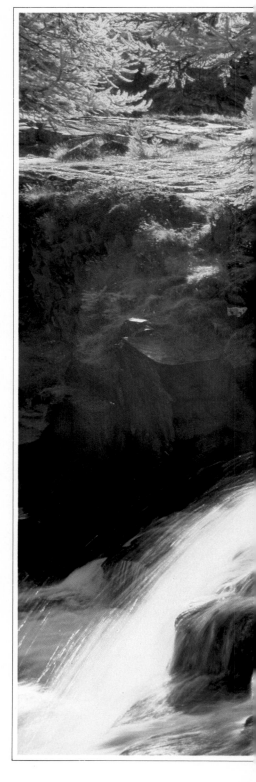

Une autre anomalie inspirait un respect superstitieux aux sages comme aux crédules : seul de tous les cours d'eau méditerranéens, le Nil, loin de se tarir, grossissait en été. Cela ajoutait à sa gloire. Ses crues étaient si attendues que, pour qu'elles soient propices, on offrait au fleuve des sacrifices humains. Elles étaient si essentielles à la vie même de l'Égypte que le souverain, pour sauvegarder son autorité, jetait en grande pompe dans le fleuve, à la

date voulue, un papyrus lui intimant l'ordre de sortir de son lit pour féconder les champs.

Quant à ses origines, dont le secret hantait les rêveries des conquérants et des poètes, elles devaient demeurer longtemps obscures. «Découvrir les sources du Nil» était synonyme d'«entreprise irréalisable». À l'impossible, pourtant, l'homme est tenu, et, après six mille ans d'impuissance, des explorateurs parvinrent non seulement à atteindre ces sour-

ces, mais à persuader le monde de la réalité de cette découverte. En 1862, deux officiers de l'armée des Indes, John Hanning Speke et James Augustus Grant, assistèrent enfin, après un épuisant voyage, à la naissance du fleuve qui, à 1 500 lieues de là, avait bercé Moïse.

Le Nil naît dans les monts de la Lune, sur l'autre face du monde, du heurt des vapeurs chaudes venues de l'océan Indien avec les hautes montagnes du Kenya. L'eau ruisselle en

torrents et s'amasse dans des flaques larges comme des mers. Là, au cœur de l'Afrique, se forment les deux grands fleuves qui, chacun dans un sens, drainent ses richesses : le Nil et le Congo.

On pourrait croire, un moment, que les deux géants vont se rencontrer. Ils se frôlent, mais chacun a son destin tracé. Le Congo sera l'artère de l'Afrique noire ; le Nil va donner l'Égypte au monde de la Méditerranée.

▲
Dans les Alpes, l'automne souligne de ses ors la blancheur laiteuse des cascades.
Phot. Tixador-Top

Pourtant, son haut cours, si incertain, louvoie, erre dans des pays que la légende voyait peuplés de Noirs mangeurs d'hommes, géants aux jambes en échasses ou Pygmées barbus, dont la réputation de férocité tint longtemps les audacieux à distance. Il se purifie dans les eaux lustrales du lac Victoria, plus vaste que la Suisse, mais s'étrangle, en rugissant, au goulet de Kabarega (ex-Murchison Falls).

Le bond qu'il doit faire, du haut de son tremplin montagnard, et l'écume qu'il soulève lui donnent le baptême. Sous le nom de « Nil blanc » il va, toujours selon la légende, être longtemps retenu sous le pied géant du dieu Khnoum. Il patauge dans l'humus qu'il amasse sous lui. Il s'étouffe dans les hautes herbes aquatiques : les jacinthes d'eau, les lotus et ce roseau aux longues feuilles et au plumet léger qui deviendra son symbole et son titre de gloire : le papyrus. Des racines s'enchevêtrent et forment de véritables îles, où paissent des antilopes à longues cornes et à larges sabots. Les hippopotames se vautrent dans la boue grasse. Le ciel est soudain obscurci par l'envol de milliers d'oiseaux, rois de ce domaine des eaux.

Les bergers soudanais, qui se défendent contre les nuées de moustiques en se couvrant le corps de cendre et en se coiffant de casques de boue, fraient, au coupe-coupe, un chemin à leurs bateaux plats. Le fleuve, lui, est ligoté par le fouillis gluant des tiges. Son pouls se ralentit mortellement. Il risque alors de disparaître, comme les fleuves australiens perdus dans le bush aride, ou de stagner dans la pourriture des marécages.

La nature est têtue, dans ses efforts obscurs comme dans ses prodiges. À ce flot exténué qui, à demi paralysé, ne se dépêtre que pour cheminer au ralenti sur un lit de broussailles épineuses et brûlantes, elle apporte le renfort du Nil bleu.

Celui-ci, issu des hauts plateaux d'Éthiopie, s'est gorgé de la pluie torrentielle des quatre cents orages qui, chaque année, martèlent le dur bastion rocheux. Ensuite, il a plongé et s'est brisé avec une telle violence qu'on l'a surnommé « le feu qui crépite », en écoutant de loin le fracas de ses cascades.

Gagnant en force à mesure qu'il progressait, il s'est courbé en épingle à cheveux pour ne pas heurter de front un trop rude obstacle et surtout pour prendre son élan vers le nord, afin d'aborder en égal le Nil blanc à Khartoum.

« Allah est grand, dit le Coran, il a créé toute vie avec l'eau et lui a opposé la pierre et le désert. »

Sous une lumière aveuglante, dans une solitude absolue et une chaleur de fournaise, le Nil, tel qu'en lui-même enfin il s'est constitué, va cheminer pendant 3 000 km. Cette traversée du désert est une lente course d'obstacles, mais, à chacune de ses chutes, il reprend vigueur, dégorge une partie de son limon, fouette ses eaux vivifiées et franchit, à Assouan, le seuil de sa terre promise : l'Égypte, qu'il va abreuver pendant les trois mois de l'été et qui, fécondée, va porter ses fruits pendant le reste de l'année.

▲
Égypte : alimenté par le Nil, l'immense lac Karoun est le cœur de la fertile province du Fayoum, immédiatement bordée par les sables désolés du désert Libyque.
Phot. Sioen-C. E. D. R. I.

Les cataractes

Souvent insidieuses, cachées en nappes souterraines ou sévèrement encadrées par des falaises et des rivages, les eaux terrestres donnent leur grand spectacle « son et lumière » avec les cataractes. C'est, en somme, un piège qui leur est tendu, le sol qui soudain manque, l'abîme qui s'ouvre.

En montagne, pour les torrents tapageurs, ce n'est qu'une cascade qui ricoche de pierre en pierre, bouillonne et s'éparpille. En Islande, celles de Gullfoss sont si lumineuses qu'on les appelle « Cascades d'or ».

Dans la Sierra Nevada californienne — panoramas grandioses, sites solitaires d'une intimité des premiers âges, où l'on côtoie, pas encore effarouchés, le chevreuil et l'ourson —, le silence, plein de chuchotis et de bruissements soyeux, est orchestré par la voix, puissante ou confidentielle, des innombrables chutes d'eau. L'une s'égoutte sans froisser les fougères, l'autre est transparente comme un voile de mariée, et les grandes chutes du Yosemite dévalent en bondissant un escalier cyclopéen.

Lorsqu'il s'agit d'un fleuve qui a pris sa vitesse de croisière et acquis son plein volume, de tels incidents de parcours prennent des proportions colossales.

▲
États-Unis-Canada : le nom des chutes du Niagara, dont le fracas s'entend à des dizaines de kilomètres, vient d'un terme iroquois signifiant « tonnerre de l'eau ».
Phot. Winter-Explorer

Chaque continent possède, dans des cadres grandioses, des chutes suscitant l'admiration respectueuse qui saisit devant une manifestation aussi accomplie de la toute-puissance des forces naturelles.

Comme l'animal qui, dans le vent, flaire le danger, les eaux s'émeuvent avant d'affronter le gouffre ; des courants les agitent ; des rapides les parcourent comme des frissons fiévreux.

Le Zambèze, à peine émergé de sa vallée éponge, s'en échappe d'un bond comme d'un trop moelleux berceau et s'engage, pendant 120 km, dans un parcours aventureux, sautant de l'une à l'autre des terrasses qu'étagent les lacs de l'Afrique noire. Déjà il prend ses aises, s'étale, s'élargit sur 1 600 m lorsque, soudain, il se sent aspiré par une force irrésistible.

On ne peut s'expliquer comment le haut plateau où il se prélassait s'est fissuré. La masse énorme du fleuve plonge d'une hauteur de 120 m dans un étroit couloir de basalte, qui la comprime, la suffoque, la fait éclater en gerbes d'écume et en vapeurs blanches visibles à plus de 3 km, tandis qu'un profond hoquet secoue le ravin. Pour les indigènes, c'était la « Fumée qui tonne ». Pour les Anglais du XIXᵉ siècle, qui avaient pour seul souci d'honorer leur souveraine, qu'il s'agisse d'un désert australien, d'un lac équatorial ou de ces chutes vraiment royales, ce furent les « Victoria Falls » (chutes de Victoria). Elles sont deux fois plus hautes que celles du Niagara.

Dans ce domaine, le record appartient au Salto del Angel, une chute découverte par un pilote américain du nom d'Angel — et non par un ange, comme le croient les Indiens —, qui tombe de près de 1 000 m dans la jungle du Venezuela.

Aux confins de l'Argentine, du Brésil et du Paraguay, il ne faut pas moins de 275 cascades pour que l'Iguaçu — la « grande rivière » des Guaranis — franchisse, au cœur de la forêt vierge, un dénivellement de 130 m. En une courbe parfaite, l'eau s'abat à grand fracas et

rejaillit sur les épais feuillages ruisselants, d'où montent des buées d'étuve et des touffeurs fruitées. Parfois, un perroquet criard secoue ses plumes trempées par l'haleine vivifiante du fleuve haletant.

Le Niagara déverse le lac Érié dans le lac Ontario. C'est, d'abord, une immense nappe limpide, qui glisse, lisse, chatoyante, et que froissent ensuite des friselis qui se creusent, se bousculent. Les eaux se cabrent, renâclent, se

◄
Yougoslavie : le parc national de Plitvice recèle plusieurs centaines de lacs de toutes tailles, qui se déversent les uns dans les autres en formant un gigantesque escalier d'eau.
Phot. Guillard-Top

heurtent à l'éperon de l'île de la Chèvre, qui les divise comme un soc de charrue.

Sur la rive américaine, un rideau s'abat, à peine frissonnant sous un glacis de lumière. Sur la rive canadienne, la chute s'incurve en fer à cheval et soulève un nuage d'embruns que le soleil traverse comme un tulle.

La paroi rocheuse est verticale : le saut s'en écarte, réservant, entre la muraille et l'eau, un espace irréel. L'air y est tellement saturé d'hu-midité qu'il est à peine respirable, la pierre miroite, le fracas est assourdissant. On pénètre dans le domaine interdit des eaux profondes, des grottes magiques, des gouffres de cet enfer dont le poète provençal René Char affirme qu'il est froid.

Mais, à travers le mur vrombissant, la lumière filtre, diaphane et vivante, et, lorsqu'on émerge, on retrouve la féerie des arcs-en-ciel pris au piège de l'écume.

L'hiver, la magie du gel festonne les chutes de glaçons, à moins que la masse tout entière ne s'immobilise, transformée en cristal, tandis que la neige muette étouffe le tumulte. C'est alors le silence figé qui devient angoissant.

Les touristes, par milliers, peuvent aujourd'hui se presser, en troupeaux — « Sui-vez le guide ! » —, au sein même du prodige, il les frappera tous au cœur, individuellement : le choc fugace du sacré ne se partage pas.

▲
Zimbabwe-Zambie : les chutes Victoria, où le majes-tueux Zambèze s'effondre soudain dans un ravin d'une centaine de mètres de profondeur, baignent en perma-nence dans un brouillard d'embruns.
Phot. C. Lénars·

▶
Pologne : parsemée d'innombrables lacs où s'effi-lochent des écharpes de brume, la Mazurie offre un décor au charme romantique.
Phot. Sioen-C. E. D. R. I.

les grands spectacles
de la nature

Les deltas

Après ces bouillonnements de jeunesse, ces exploits fumants, les plus grands fleuves s'apaisent et s'affirment en majesté. Leurs eaux sont plus troubles et plus lentes. Ils étendent autour d'eux leurs bienfaits, abreuvant les espaces arides, rénovant les sols épuisés. « Le temps de la crue est la jubilation de la terre ! »

Le Nil s'ourle, à travers la Nubie désertique, d'un ruban de verdure. Les cataractes successives le décantent, il aborde enfin la dernière d'entre elles, celle que l'on crut longtemps être sa source, puisqu'on le disait « vomi là par une mer éléphantine enfouie sous terre ».

Il lui reste à parcourir 1 300 km, mais c'est sur son domaine. On promène les souverains sur un palanquin : le Nil se hisse sur son lit de boues fécondes, et les longs bateaux qui descendent son cours semblent, dans le mirage du soleil blanc, flotter sur le flou de l'horizon.

Alors, arrivé à son terme, il peut s'épanouir ainsi qu'un papyrus, se ramifier, ouvrir les sept bouches de son delta et jeter dans la Méditerranée, pour une communion entre trois continents, les alluvions arrachées à la montagne et au désert. La sonde en rencontrera encore à des centaines de kilomètres du rivage.

Comme le Nil, les grands fleuves nourriciers, Tage ou Gange, Orénoque ou Mékong, étreignent une dernière fois les terres molles et fécondes avant de disparaître, créant de nouveaux paysages jonchés de flaques luisantes où pullule la vie. Plaines de joncs et de roseaux grouillant de larves et de grenouilles, sables meubles où ne s'aventurent que les échassiers à longues pattes prudentes, boues tièdes où s'enfoncent les buffles ou les alligators.

Nudité lumineuse de la Camargue ponctuée de flamants roses ; pénombres vertes des bayous de Louisiane et des marécages de Floride ; jungles aquatiques où les enfants se couchent sur les feuilles des nénuphars géants ; labyrinthe de palétuviers des impénétrables mangroves du golfe de Carpentarie (Australie).

Univers feutré, où les bruits s'amortissent dans l'eau immobile. Pénétrante sérénité des mille bras du Marais poitevin, lorsque l'étrave du bateau plat déchire, en silence, la soyeuse peluche verte des mousses et des lentilles d'eau, ou de la Ria d'Aveiro, lorsque la barque cambrée des goémoniers portugais se profile, en ombre japonaise, sur le ciel gris perle.

Les lacs

« L'eau est le regard du ciel », disait Claudel. Nulle part ce regard n'est plus limpide que dans les lacs de montagne aux eaux de cristal, bleutées par le reflet des monts neigeux. Lacs froids du Canada et de Finlande, soutachés de noirs conifères ou de la frange légère des bouleaux. L'hiver les fait disparaître sous la moquette épaisse de la neige, où les pattes des oiseaux transis dessinent des arabesques.

À moins qu'ils ne se prennent en glace, bloquant les fleuves jusqu'à la gigantesque débâcle du printemps, où tout craque, éclate, jaillit, coule comme la jeune sève, comme le sang réveillé.

Sous des cieux plus doux, en Italie, en Suisse, dans les Appalaches ou les Rocheuses, les lacs s'entourent de saules et de sycomores. Des cyprès montent la garde sur leurs rives, si douces que leurs noms restent liés à des amours fameuses, et Stendhal, pourtant si réservé, avoue que c'est au bord d'un lac qu'il a connu « l'approche la plus voisine du bonheur parfait ».

Plus poignante est la beauté, en leur hautaine solitude, des sept lacs bleu paon de Band-i-Amir, au sein farouche de l'Afghanistan.

▲
Roumanie : terre et eau mêlées, le delta du Danube et ses roselières sont un paradis pour les oiseaux aquatiques.
Phot. Y. Travert

Certains lacs, blottis à l'aisselle d'une montagne ou arrondis au creux d'un cratère assagi, sont si petits qu'ils prennent la couleur de ce qui les entoure : rouge au pied d'une falaise d'argile, vert parmi les futaies, d'émail bleu quand le ciel s'y mire. Curieusement accouplés, les Sete Cidades de São Miguel, aux Açores, sont pers : l'un de saphir, l'autre d'émeraude ; à Florès, en Indonésie, les lacs du Gilimutu sont tricolores : un noir, un vert, un rouge.

Certains ont des colères, des pièges, des drames. Quand le perfide joran souffle sur le Jura, on fait naufrage sur le Léman, habituellement si calme que l'on y peut suivre le trajet du Rhône, qui l'enfile comme une longue perle.

Les hauts lacs de l'Afrique orientale sont semés — précieux relais — à travers des immensités de rocailles ou de brousse, pour acheminer les grands fleuves qui zigzaguent. Lacs vastes comme des mers captives de la montagne ou enterrées dans la steppe. En Amérique du Sud, le Titicaca plafonne à 3 812 m d'altitude, et en Sibérie, le fond du Baïkal, à la surface duquel les icebergs flottent comme des glaçons sur un « drink », se trouve à près de 1 200 m au-dessous du niveau de la mer.

Les bas-fonds se dessèchent sous la voûte de four des cieux surchauffés. Les eaux, alourdies de bitume et de soude, déposent sur les rives des croûtes blêmes. Il flotte alentour un air de maléfice. C'est la mer Morte de Palestine, le lugubre lac Rodolphe du Kenya ou le lac Assal de Djibouti, d'un bleu intense, jonché de galets d'écume, où les Danakils viennent tailler les barres de sel qui sont leur seule richesse.

▲
Inde : Venise orientale, Srinagar, capitale du Cachemire, est sillonnée par de multiples canaux dont les gondoles s'appellent shikaras.
Phot. S. Held

▶
Afghanistan : à près de 3 000 m d'altitude, les barrages naturels de Band-i-Amir parent l'austère splendeur de l'Hindou Kouch d'un collier de lacs azurés.
Phot. S. Held

les grands spectacles de la nature

La surface terne du lac Salé de l'Utah, aux horizons gris et vides, et la carapace craquelée du lac Eyre, pétrifié au centre du désert Rouge australien, sont si lisses et si dures que les automobiles y battent des records de vitesse.

Mais, en Australie, il arrive que des déluges s'abattent sur la brousse, que des rivières se réveillent et bondissent, que le bassin que l'on croyait mort redevienne une véritable mer, avec des vagues écumantes, des profondeurs glauques, des dunes, des plages. Alors se produit le miracle. La vie éclate partout à la fois. Les poissons, apportés par les rivières, pullulent. Les oiseaux accourent à tire d'ailes et, sur les rives, des graines enfouies depuis des années éclosent en épais tapis aux mille couleurs, où les lapins bondissent. Des buissons surgissent des lézards aux scintillantes écailles de mosaïque, de souples serpents. Les pélicans agitent en éventails leurs lourdes ailes noir et blanc, les galahs (ou cacatoès rosalbins) s'envolent en essaim rose, les colombes huppées nichent dans les roseaux, les mouettes piaillent, les aigles planent. La nuit, le lac devient irréel, avec la phosphorescence de ses rives et, surtout, les millions de points lumineux qui s'allument : dorés, verts, bleus, ce sont les yeux des araignées blotties dans les broussailles.

La mer

Tous les fleuves vont à la mer, comme toutes les vies mènent à la mort pour, pensent certains, renaître dans le creuset de l'incessante

▲
Portugal : des sentinelles de pierre veillent sur les plages blondes et les falaises ocrées du littoral de l'Algarve.
Phot. Bouillot-Marco Polo

Nouvelle-Zélande : à l'abri des tempêtes de la mer de
Tasman, des fjords aux eaux tranquilles entaillent
profondément le rivage montagneux de l'île du Sud.
Phot. Lelièvre-Vloo

création. Pas un cours d'eau, cependant, pas un être qui chemine du même pas vers cette fin ou ce recommencement.

Des géants se déroulent sur cinq ou six mille kilomètres, des torrents côtiers piétinent furieusement avant de glisser dans une crique. Certaines rivières renâclent : la Meuse s'ensevelit, d'autres, en Iran, refluent vers leur source.

D'autres encore s'épousent pour former de puissants estuaires (bouches de l'Escaut), ou bien s'étirent (Gironde), s'arrondissent (mer de Paille), s'élargissent (Río de la Plata).

Un combat s'engage alors entre les eaux douces et l'onde amère. L'Amazone dessale l'Atlantique à plusieurs centaines de kilomètres de son embouchure, mais les marées remontent le Tage et la Garonne. La Seine, pourtant si sage, a parfois le sursaut écumant d'un mascaret.

Le littoral réplique à l'assaut des marées par la sournoise offensive des sables et des alluvions. Aigues-Mortes n'est plus la rive d'où Saint Louis partit pour la croisade ; le château d'Obidos, sentinelle inutile, a perdu de vue la côte portugaise qu'il devait surveiller ; le Mont-Saint-Michel est en péril des sables autant que de la mer ; Venise continue une lutte que Bruges a, depuis longtemps, perdue.

Ailleurs, le boutoir inlassable sape les falaises et ronge les grèves. Le cap s'effondre, la roche se troue. Étretat aligne ses architectures blondes : l'Aiguille creuse, les arcs de triomphe sous lesquels les voiliers défilent comme jadis les barques des Vikings sous l'arche de Dyrholaey. Des promontoires inébranlables marquent encore les bornes des océans : cap de Bonne-Espérance, rempart séparant le monde de l'Orient de celui de l'Occident ; cap Horn,

éparpillant les écueils en décembre de la Terre de Feu ; pointe portugaise de Sagres, avançant son antenne bifide dans ce qui fut longtemps la mer Ténébreuse, après le seuil légendaire des Colonnes d'Hercule (Gibraltar).

Côtes plates, tirées au cordeau par chaque marée, que retiennent les tenaces racines des pins ou des salicornes et que protègent, toujours croulantes et toujours reconstruites, les mouvantes barrières des dunes, sur les grèves gris tourterelle de la mer du Nord ou le rivage rectiligne des Landes. Près d'Arcachon, la dune du Pilat atteint 100 m et se flatte d'être la plus haute d'Europe.

Trahi par les glaciers qui, l'attaquant par derrière, l'ont tailladé de leurs sillons glacés, le rivage garde des blessures profondes : les fjords, qui lacèrent les côtes de Norvège et de Nouvelle-Zélande. Univers féerique, entre le roc et la vague, la neige et l'écume, le tumulte et le silence.

Il est aussi des lieux qui portent les traces d'un rude combat. La baie d'Along, au Viêt-nam, est jonchée de récifs, chaos grandiose qui serre la gorge à force de beauté. Les Kickers Rocks, invaincus, dressent aux Galápagos leur éperon d'obsidienne, narguant les tempêtes comme, d'une langue aiguë, leurs iguanes narguent le ciel. L'Atlantique suce longuement les gros granites roses de Ploumanach, mais déchiquette la pointe du Raz. La Méditerranée mordille, effrange et festonne son littoral, en multiplie les contours, mer du Milieu-des-Terres qui ne peut pas, comme les océans, danser sous la lune, et qui se console en étant la plus belle, la plus diverse, la plus chantée depuis toujours.

Lorsque la mer et la terre font la paix, naissent les baies, les rades, les calanques,

les criques. Havres de sécurité, nids de bonheur, elles sont creuses et secrètes comme des terriers, closes comme des bourses avares ou larges ouvertes : toutes les flottes du monde pourraient jeter l'ancre dans le décor fabuleux de la baie de Rio, au pied du Pain de Sucre, mais une seule voile aborde, en Corse ou en Californie, en Provence ou en Dalmatie, pour découvrir une grève de sable ou de galets, un olivier tordu, l'ombre d'un pin parasol, l'éventail d'un palmier.

Bien gardé par deux presqu'îles jumelles dénudées par le vent, le paradis secret des bouches de Kotor (Yougoslavie) abrite, sous l'auvent rugueux des montagnes du Monténégro, ses fouillis de roses et de figuiers pelucheux, ses eaux turquoise et ses plages dorées.

Les îles

Les passionnés de solitude préfèrent encore les îles. L'Éden n'est plus un jardin, mais un endroit isolé par les flots et que l'homme, semble-t-il, n'a pas encore souillé.

Dieu merci, la nature en a été prodigue et en a distribué à toutes les latitudes. Les Aléoutiennes se donnent la main entre l'Amérique et l'Asie. Les Kouriles jettent une frêle passerelle entre le Kamtchatka et Hokkaidō. Les îles du Pacifique Sud paraissent les retombées d'un feu d'artifice, des confettis jetés à pleines mains au caprice des vagues. Dans les archipels, elles se disposent en corolles, tels les 300 îlots touffus de Matsushima (Japon) ou les îles frileuses, givrées d'argent, de la baie des Glaciers (Alaska). Celles de Carélie font de la Finlande une dentelle.

D'autres se posent en signes de ponctuation. Les mille Chonos soulignent en pointillé le liseré effiloché de la côte chilienne ; l'île Stewart complète le point d'exclamation de la filiforme Nouvelle-Zélande. La Tasmanie est un pendentif au sein un peu lourd de l'Australie.

Les îles jouissent, d'emblée, d'un préjugé favorable. Rien que leur nom l'indique : Belle-Isle, îles d'Or ou de Beauté, Formose (du portugais formosa, « belle »). Elles se situent (« Sous le Vent »), se proclament Vierges ou promettent le bonheur (îles de Paradis ou de la Félicité).

Nombreux sont ceux qui restent à « l'âge où l'on croit aux îles », où l'on choisit la sienne au gré de souvenirs, de lectures ou de rêveries un peu vagues. Toutes sont mystérieuses, chacune a son trésor.

La mode est aux îles des mers chaudes. Certaines ont un socle de corail qui apparaît à marée basse. Les atolls entourent d'un anneau scintillant une tiède piscine naturelle. Le sable des plages est d'une douceur de farine, la vague le lèche en ronronnant. Les casuarinas lavent leurs longues chevelures dans les flots qui, en se retirant, oublient des coquillages de nacre qu'ils reprendront à la prochaine marée. L'eau est si transparente que, à travers le fond de

▲
Irlande : à la pointe la plus occidentale de l'Europe, la péninsule de Dingle oppose aux assauts de l'Océan la proue déchiquetée de sa côte sauvage.
Phot. Quéméré-C. E. D. R. I.

verre des bateaux, le regard se perd dans la
bousculade silencieuse des poissons qui étin-
cellent comme des joyaux sur le vert velouté
des profondeurs. Tous les arbres, croirait-on,
ont été placés là pour nourrir ou désaltérer le
voyageur. Le cocotier a du lait frais dans ses
outres, les orchidées sont à la vanille ou au
chocolat. Il y a parfois un bon vieux volcan qui
fume sa pipe, à la retraite depuis longtemps. On
lui rend visite, par politesse, pour voir le
panorama et pour escalader le sentier qui se
perd dans les lianes. L'oiseau rieur se moque
de ceux qui ont peur de s'engager sur le pont
suspendu ou qui essaient d'attraper les grands
papillons bleus. Ce paradis existe, c'est Dunk,
une des perles de la Grande Barrière australienne. Si ce n'est elle, c'est une de ses sœurs,
semblables et différentes, polynésiennes ou
antillaises, au large de l'Afrique ou au cœur de
l'Indonésie.

Les îles frisonnes — Texel et ses compagnes
— s'aplatissent sous le vent frais de la mer du
Nord et s'étirent — un point, un trait, un point
— comme un signal en morse. Elles font des
petits : il suffit d'enfouir, à morte eau, des
roseaux et des graminées traçantes, le sable s'y
accrochera. Ainsi est née Eierlandt. Au creux
des dunes, il fait chaud comme dans un berceau. Le sol est doux et les oiseaux de mer y
déposent leurs œufs, veinés de bleu ou mou-
chetés de brun, qui semblent en marbre, en
agate. Les algues sentent l'iode et le sel, les
chemins filent, bien droits, lisses sous la roue
du vélo, pointillés de lumière qui filtre à travers
les feuillus que l'automne rouille dès l'équi-
noxe. Le soleil ne s'attarde pas, mais, comme
c'est de règle dans le Nord, il a le cœur à la
tâche et bronze sans brûler, chauffe la mer
pour le bain des enfants et offre chaque soir
son flamboyant baisser de rideau.

Plutôt que de s'aligner à la queue-leu-leu, les
Açores s'assemblent au plein milieu de l'Atlantique, tremplin et relais des oiseaux migrateurs,
elles-mêmes blotties dans le nid des cyclones.
Elles sont grasses et vertes, couvertes de pâtis
succulents qu'emprisonne une résille d'horten-
sias arborescents. Alentour dansent les baleines,
dont le jet d'eau répond au bouillonnement
des geysers. Les quatre saisons se bousculent
au cours d'une seule journée, l'averse cingle,
l'orage tonne, le soleil chauffe, le ciel s'excuse
en multipliant les arcs-en-ciel.

Îles-refuges, accueillantes aux naufragés, aux
évadés, aux espèces en péril. Îles aux pin-
gouins, aux phoques, aux mouettes ; île de
Nauru, dont les phosphates ont rendu tous
les habitants millionnaires ; îles auxquelles les
oiseaux et les tortues confient le soin de faire
éclore leurs œufs.

Il y a aussi les îles maudites, telles les
Galápagos, où survivent les sauriens des ères
préhistoriques, ou, tout simplement, les rochers
sur lesquels aucun arbre ne peut se tenir
debout : Ouessant, l'« île d'épouvante » ; Sein,
voguant périlleusement parmi les rafales de la
baie des Trépassés ; Aran, ceinturée de granite.
Partout, une sombre magie retient les vrais
hommes de la mer.

▲
Coucher de soleil à Tahiti.
Phot. J. Bottin

l'air

Dieu fit le monde en sept jours et, l'ayant contemplé, il en fut plutôt content. Il l'avait enveloppé de son souffle et baigné de sa lumière. C'est parce qu'il leur manque la vitale couche respirable que d'autres planètes sont des astres morts.

Air frisquet des clairs matins d'hiver, tiédeur du printemps parfumé de sève et de pollen, amertume des soirs couleur de feuilles mortes, plénitude des étés lorsque midi «tombe en nappes d'argent», sur la mer ou la plaine. Air que l'on aspire goulûment ou que l'on savoure, sentant la noisette et la mûre en forêt, salé par les embruns au bord de la mer ou fleurant bon la neige en montagne, fraîches délices. Air lourd d'une humidité poisseuse qui ronge le bois et moisit le cuir sur les rives moites du golfe de Guinée, mais si sec, sur un haut plateau mexicain, que les morts alignés dans les catacombes de Guanajuato se momifient et tombent en poussière.

Si l'air nocturne apaise et porte à la méditation, c'est le soleil qui fait agir. Il faut sa clarté et sa chaleur pour que le grain germe et mûrisse. Il faut ses ombres et ses reflets pour que les choses «ne soient pas seulement ce qu'elles sont». C'est dans la dure lumière et les parfums distillés des héliotropes et des absinthes que Camus, en un délire ébloui, célèbre, à Tipasa, ses noces avec la vie.

Illusions et mirages

Selon la règle qui veut que ce soit dans la douceur et non dans la violence que s'affirme la réelle puissance, le soleil, lorsqu'il est au zénith et que «l'air flamboie dans sa robe de feu», n'est plus qu'un disque blanc qui aveugle. Sous sa lumière cruelle, les paysages se décolorent, leurs tracés se dessèchent, leurs reliefs s'effacent. Les déserts sont pétrifiés, l'illusion s'installe. Des mirages surgissent à l'horizon blême, brouillé par la brume de sable. Dans le Wadi Rum, en Jordanie, on croit, comme jadis, voir passer des caravanes. Les roches

▲

Venise : jeux de lumière sur la lagune, ou «Impression de soleil levant».
Phot. Kuhn-Top

d'Akator, dressées en plein Sahara, semblent baigner dans la mer. «Ce qui embellit les déserts, dit *le Petit Prince* de Saint-Exupéry, c'est qu'ils cachent un puits quelque part.» Les oasis qui, dans le Tanezrouft, promettent aux égarés la fontaine et son eau, les palmiers et leurs dattes, ne sont qu'une trompeuse fantasmagorie, créée par l'air surchauffé sur lequel les rayons du soleil se brisent.

Faux-semblants aussi, ces étranges aurores verdâtres qui feignent de se lever sur les banquises du pôle et que l'on croyait seulement boréales. Elles sont apparues aussi aux Samoas et au Mexique et, en Macédoine, aux soldats d'Alexandre. Elles terrifiaient les Grecs, qui y voyaient des augures, et leur secret n'est pas encore complètement élucidé.

Qui donc n'est sensible aux signes de la lumière, puisqu'ils viennent du ciel? Qui donc n'interprète l'éclipse ou la comète, ne fait un vœu quand passe l'étoile filante et, peut-être, furtivement, le signe de la croix devant les feux de la Saint-Elme? Qui donc n'a jamais épié le rayon vert?

Les halos qui s'allument, en colonnes, en arcs, en anneaux, irisés sous le soleil ou diaphanes sous la lune, ne sont que le reflet de la lumière sur les cristaux de glace en suspension, dans l'air immobile et froid des régions polaires.

Violet - indigo - bleu - vert - jaune - orange - et - rouge ! L'écharpe d'Iris enjambe l'horizon, quelquefois se dédouble : les arcs-en-ciel se bousculent dans les dernières gouttes de l'averse ou la buée d'une cataracte. Personne n'est arrivé à passer dessous pour trouver le bonheur promis par la chanson, mais, pour tous, ils annoncent la fin de l'orage, l'éclaircie, l'espoir.

Gigantesques jeux de miroirs, reflets capricieux et fugaces, phénomènes consignés dans les almanachs, éblouissants aussi quand ils se répètent, familiers, jour après jour.

Les 400 coups du soleil

Lorsqu'il caresse au lieu de violenter, le soleil voit son éclat multiplié, comme dans les facettes d'un diamant taillé. Il miroite sur la glace des cimes, paillette les flancs enneigés des vallées, ricoche et s'éparpille en poussière scintillante dès que le vent soulève quelques flocons et, au pied des névés, dans le creux·des talus, devient une lueur d'un bleu ineffable, celle qui devait baigner l'ange de l'Annonciation.

Le givre argente le brin d'herbe, la paille « luit comme l'espoir dans l'étable ». À travers bois, des pièces d'or dansent sur les fougères et les mousses. Parfois, les rayons, réfractés par les brumes impalpables qui sont l'haleine même de la forêt, dessinent, dans une clairière, une croix de lumière blanche.

Dans les régions froides qu'il semble délaisser, qu'il oublie jusqu'à six mois par an, le soleil, quand il revient, est fêté en enfant prodigue. Alors il s'attarde, c'est la fête éblouissante, lorsque les fleuves se réveillent et brisent leur carcan de glace, que les fleurs ont une telle hâte de vivre qu'elles crèvent la neige, que partout ce sont les noces de la terre, des bêtes et des hommes. Qui donc, alors, pense à s'aller coucher ? Le soleil ne fait qu'un somme et reprend sa course.

C'est l'allégresse du soleil de minuit, attirant les foules sur les collines de Laponie ou les îles Lofoten. On le goûte mieux encore, dans la solitude et le silence, lorsque, dans la forêt nordique balsamique et vibrante, après avoir erré jusqu'à la limite du grand froid, on le découvre, pendu comme une lampe à la voûte du ciel nacré.

Goethe agonisant réclamait « plus de lumière ». Elle blesse, pourtant, lorsqu'elle se réfracte sur le miroir des glaces, autant que lorsqu'elle tombe, en flèches brûlantes, sur le sable ou le roc. Celle de l'Himalaya rend aveugle, et les Esquimaux protègent leurs yeux avec des os de renne entaillés d'une fente. Mais rien n'est plus beau que le volcan Erebus, d'une pâleur irréelle sous la lune, élevant sa haute colonne de vapeurs dans l'atmosphère glaciale de l'Antarctique.

En montagne, le lever du soleil est féerique lorsqu'il s'annonce en diluant la nuit, la délayant en teintes fines avant d'irradier, encore invisible derrière la frange des cimes qu'il borde d'un friselis vermeil, et de surgir enfin dans sa gloire. Dans une île du Pacifique, le *Vendredi* de Michel Tournier se sent armé par l'aurore : un premier rayon se pose sur ses cheveux, un second purifie ses lèvres et deux épées de feu touchent ses épaules. Il se relève « chevalier solaire » !

Plus émouvants encore sont les couchants, qui bouleversaient Victor Hugo (« J'aime les soirs sereins et beaux, j'aime les soirs... ») ; ceux qui s'attardent longtemps dans les nuées, sur la plaine ou la mer ; ceux, sanglants, tumultueux, qui fulgurent sous les tropiques. Levers et couchants du plus grand des rois, auxquels se pressent, respectueux, éblouis, venus de loin, les pèlerins de la beauté. Ils savent que c'est l'heure brève et privilégiée où il faut voir la terne immensité de la *meseta* castillane ou des dunes sahariennes se farder de violet et d'or pâle, ou des pourpres somptueuses draper le grès rugueux d'Ayers Rock (Australie).

Et, à midi sonnant, un rayon s'enfile dans le chas de l'Aiguille... du Midi.

Ailleurs et ici-bas

La nuit, opaque ou veloutée, sert d'écrin à d'autres merveilles : la lune et ses étranges pouvoirs sur les mers et les humeurs, les semis et les amours ; les constellations et leur géométrie. Un « ailleurs » qu'on a voulu démythifier, sans parvenir à le vider de son mystère.

Comprendre n'empêche pas d'admirer, au contraire. Ni de craindre. Nous savons que rien n'advient sans causes ni effets calculés.

Le vent n'est pas seulement « frivolant ». Un cyclone — baptisé, selon qu'il sévit en Amérique ou en Asie, hurricane ou typhon — peut atteindre une puissance colossale et faire des ravages, mais il est indispensable à l'équilibre thermique du monde.

Nous ne craignons plus, comme les Gaulois, que le ciel nous tombe sur la tête, et c'est cependant avec un frisson de fin du monde que l'on regarde, en Arizona, le Meteor Crater, creusé, il y a quelque 50 000 ans, par une météorite de 2 millions de tonnes. Celle de Pułtusk, en Pologne, ne pesait que 218 kg et s'est fracassée en cent mille morceaux. Chaque jour, des pierres tombent ainsi du ciel, inertes ou chargées de radiations invisibles.

Les hommes qui sont allés sur la Lune ont vu un clair de terre et ont trouvé notre vieux globe bien petit, bien usé. Certains, blasés, le disent sans surprise, alors que ses merveilles restent évidentes. Avant de déclarer maussadement que le monde est vu et revu, il faut le voir et le revoir, et s'enchanter d'un flocon de neige, des nervures d'une feuille ou d'une aile de libellule, des volutes d'un coquillage, de l'éclat d'un plumage et du velouté d'un pelage : de tout, d'un rien.

Croyant dominer sa planète, l'homme, certes, l'a souvent défigurée. Il a tari des fleuves pour en domestiquer la force, profané des sites et pillé des forêts. Il a aussi ensemencé des déserts, asséché des marécages. Il a saisi au vol l'essor de l'oiseau pour apprendre à voler, après avoir guetté la chute d'une pomme pour comprendre sa pesanteur. Le peintre peignait et le poète chantait les merveilles du monde : le film et la photo les ont fixées et en ont multiplié l'image, à la portée de tous.

On a cru dresser l'inventaire des trésors que l'humanité pouvait se transmettre ou gaspiller. On s'alarme parfois de les voir s'appauvrir, alors que d'autres, méconnus, sont chaque jour révélés. Des sous-sols que l'on croyait pauvres, en Afrique, en Australie, recèlent des nappes d'eau, des puits de pétrole, des gisements des minerais rares qu'exigent les alliages modernes. Patientes économies de la terre, où c'est vraiment « le fonds qui manque le moins ».

Les océans recouvrent des fosses abyssales pavées de nodules polymétalliques, peuplées de bactéries : un univers nocturne, où jaillissent des geysers à 350 °C, où grouille une vie insoupçonnée, où, à 3 000 m sous la mer, privées du soleil que l'on croyait indispensable à toute cellule animée, des espèces multiformes s'épanouissent dans des paysages jamais vus.

Coffret de Pandore d'où s'échappent, pêle-mêle, les pierreries et les crapauds, les arcs-en-ciel et les ouragans, le meilleur et le pire, notre vieux monde est à double fond. La nature — et non pas toi, homme, mon bonhomme ! — en garde encore la clé ∎ Suzanne CHANTAL

▲

Aux frontières de notre Galaxie, l'infini du ciel.
Phot. Chromosohm-Image Bank

Page suivante :
Jour frisant en Méditerranée.
Phot. C. Lénars

féeries souterraines

Un trou noir perçant le front d'une falaise, l'eau d'une rivière qui disparaît soudain dans les entrailles de la terre, engloutie par une trappe naturelle, le jaillissement d'un fleuve sortant de quelque arcade de roche : autant d'indices prouvant l'existence, sous nos pieds, de vastes cavités, d'un monde obscur de grottes et de gouffres.

Des milliers de cavernes ont été repérées dans le sous-sol des cinq continents. Certaines ont seulement été entrevues par une poignée de spéléologues, bardés de lampes et de cordes. D'autres ont d'ores et déjà fait l'objet de confortables aménagements, afin d'accueillir les visiteurs avides de contempler les merveilles que la nature a su composer dans ces dédales souterrains. La singularité de ces antres ténébreux, sans autre unité que leur étrangeté, la bizarrerie de ces splendeurs cachées font des cavernes une sorte de monde à part, celui du mystère, de la féerie et du rêve.

Les beautés dont la nature les a parées semblent d'autant plus précieuses que ces cavités paraissent s'ingénier à les garder secrètes. C'est souvent sous des centaines de mètres de roc que ces cathédrales enfouies déploient leurs nefs. Tout se passe comme si la nature avait besoin de ces espaces clos pour donner libre cours à sa fantaisie. Ici, la fragilité du cristal côtoie l'austérité du marbre ; là, le calcaire est tellement rongé par l'érosion qu'il prend les formes les plus incongrues. L'insolite est partout, et les ténèbres viennent encore y ajouter leur mystère.

Cet univers étrange et inquiétant résulte, le plus souvent, d'affrontements entre le roc et l'eau. Un voyage — imaginaire — à travers les continents permettra de suivre les phases de cet

▲

Un majestueux auvent de pierre abrite le portail monumental de la grotte préhistorique de Niaux, dans l'Ariège.
Phot. Michel-Explorer

inexorable travail de sape, et de découvrir, à chaque étape, l'infinie variété de couleurs et de formes qui est le propre des cavernes.

Des canyons grondants

La première halte aura lieu en Afrique, au Zimbabwe, dans le cadre de la grotte de Sinoia, non loin de Salisbury. Un couloir naturel conduit le visiteur devant un lac tout simple, mais les rayons de soleil qui filtrent par une fissure de la voûte font régner dans la rotonde une ambiance tellement nimbée de lumière tamisée, de reflets glauques, de miroitements qu'elle paraît irréelle. Il faut s'abandonner au charme insolite de ce site, imaginer l'eau s'amassant goutte à goutte pour former cette nappe. C'est

en vain que l'œil cherche l'orifice d'évacuation et que l'esprit échafaude des théories : on ne sait pas où s'écoule l'excédent de liquide, et cette énigme ne fait que rendre la grotte plus envoûtante.

Deuxième arrêt en Yougoslavie, aux Škocjanske jame, près de Trieste, afin d'y vérifier les hypothèses élaborées dans le sous-sol du Zimbabwe. La disposition interne des cavernes slovènes en fait une réplique de la grotte de Sinoia, mais en plus grand, plus austère. Un couloir latéral permet aussi d'y surprendre l'eau dans le secret de la roche. Seulement, ici, il n'y a pas de lumière tamisée, l'obscurité est totale ; et l'eau circule, c'est une vraie rivière, la Reka de Škocjan. Elle gronde au fond du plus romantique des canyons souterrains, coup de sabre entre deux falaises abruptes, étau géant où rampent des brouillards. Du haut d'une vertigineuse passerelle, jetée au-dessus du vide, le touriste voit le flot disparaître dans les profondeurs de ce décor d'apocalypse. L'eau s'enfuit, mais nul n'a pu suivre son cheminement jusqu'à sa sortie sur les rives ensoleillées de l'Adria-

tique. Dans ces ténèbres grondantes, l'imagination, perdue dans la contemplation de cette eau qui court entre ces falaises verticales, peut se livrer à toutes les suppositions.

Pour étayer de certitudes l'idée que l'on se fait des circulations souterraines, il faut gagner la grotte de Han, en Belgique. En contournant la colline de Faule, on voit, dans le vallon de Belvaux, la rivière Lesse se perdre dans un gouffre insondable. On la retrouve en visitant la célèbre grotte, où un itinéraire sinueux conduit tout près de l'endroit où la Lesse pénètre sous terre. De là, on suit son cours à loisir, de salle en salle. Des barques permettent de naviguer sur ce Styx ardennais : elles vous emportent en silence vers la lumière du jour, en glissant sur l'admirable miroir liquide que forme la Lesse. Ce passage des ténèbres de la grotte aux vertes frondaisons d'un parc font de la résurgence de Han un site à ne pas manquer.

La grotte de la Candelaria, au Guatemala, donne la possibilité de suivre le trajet de l'eau de bout en bout, mais le parcours est réservé aux spéléologues confirmés. Ceux-ci peuvent aller de la perte de la rivière à sa résurgence par un invraisemblable périple de 12 kilomètres sous les montagnes du Petén. Des lucarnes jalonnent la voûte de cette caverne tropicale : non seulement on retrouve de place en place la lumière du jour, mais on aperçoit soudain des paysages de jungle. Rien de plus insolite que la couleur verte et le décor de lianes torsadées de la forêt vierge quand on s'est accoutumé aux formes blanchâtres et rigides des forêts de

▲

Le gouffre de la Pierre-Saint-Martin s'ouvre comme une plaie béante dans la roche dure des Pyrénées.
Phot. P. Minvielle

▲

La Lesse — une petite rivière belge — semble se perdre dans les profondeurs du gouffre de Belvaux, mais on la retrouve sous terre, dans la célèbre grotte de Han.
Phot. Mallet-Explorer

▶

Un escalier taillé dans le roc permet de descendre jusqu'à la grotte de Neptune, creusée par la mer dans la falaise du cap Caccia, en Sardaigne, mais il est plus facile de la visiter en bateau.
Phot. Desjardins-Top

féeries souterraines

féeries souterraines

cristal rencontrées dans les ténèbres de la grotte. Mais la navigation sur le río est trop périlleuse pour qu'on ait le temps de rêver, et il serait imprudent de se hasarder sur les berges sans rester sur le qui-vive.

Spéléologie dans un fauteuil

À ceux dont les ambitions sont plus modestes, le monde des cavernes réserve d'appréciables compensations. Les automobilistes peuvent même suivre le cours d'une rivière souterraine sans descendre de leur voiture : cette spéléologie « tout confort » s'effectue au Mas-d'Azil (France) ou dans la Jenolan Cave (Australie), ces deux cavernes étant traversées par une route carrossable. N'importe qui peut donc goûter la sensation indescriptible que l'on éprouve en abandonnant tout à coup la lumière du jour pour les ténèbres opaques du sous-sol, se laisser aller à la curiosité de deviner les contours de la voûte et des parois entr'aperçus à la lueur des phares, palpiter aux échos du torrent qui cascade dans l'ombre, découvrir peu à peu le passage qui se faufile dans le secret des grottes, vivre enfin une sorte de résurrection lorsque, au moment de ressortir à l'extrémité opposée du tunnel, on revoit le jour, on retrouve la vie de la surface, que l'on avait quittés de l'autre côté de la montagne. De tels trajets permettent de saisir la réalité d'un réseau souterrain.

Bien entendu, les grottes semblables à des tunnels routiers ont des tracés plus simples que les grands réseaux hydrologiques, dont les labyrinthes fourmillent de ramifications et de surprises. Ainsi, entre le village d'Aggtelek, en Hongrie, et celui de Domica, en Tchécoslovaquie, s'étend un dédale de couloirs souterrains dont les conduits, tantôt minuscules, tantôt énormes, passent sous la frontière des deux États. Cette grotte de la Baradla, riche en paysages variés, est certainement la plus belle de l'Europe centrale. Il est vrai qu'elle développe 25 kilomètres de galeries, desservis par six orifices.

Pour ramifié qu'il soit, ce réseau n'est pas le plus complexe du monde, loin de là ! Cette sorte de record est détenu par le Mammoth Cave System, la cavité géante, « mammouthesque », du Kentucky, aux États-Unis. Depuis deux siècles que l'on explore, que l'on inventorie, que l'on sillonne cette caverne, on n'a pas fini d'y dénicher des prolongements. Les couloirs actuellement visités ou repérés doivent totaliser plus de 300 kilomètres, parcourus par cinq rivières et comportant des centaines de salles, dont certaines de belles dimensions. Chose curieuse, ce monde souterrain est presque indécelable à la surface du sol. Dans la campagne qui s'étend au-dessus du labyrinthe, entre Louisville et la Green River, bien peu d'indices font soupçonner l'inextricable écheveau de passages qui s'enchevêtrent dans les profondeurs.

Des millions de mètres cubes de silence et de vide

Clandestinité et gigantisme vont souvent de pair. Tant que l'on n'a pas circulé sous terre, on s'imagine volontiers que l'on s'y faufile sans cesse dans des pertuis exigus. Or, les cavités peuvent atteindre des dimensions colossales.

Le visiteur des Carlsbad Caverns (États-Unis) qui, au terme d'une paisible descente en ascenseur, débouche dans la *Big Room*, s'arrête médusé. Devant lui, il n'y a plus qu'un vide gigantesque. Il se rend compte que la montagne de Guadalupe, dans laquelle s'ouvre cet antre, est trouée comme un gruyère. La « Grande Salle » des Carlsbad Caverns porte bien son nom : elle mesure 610 m de long, 335 de large et 60 de haut. C'est une sorte de monde clos, planté de stalagmites et encombré de blocs, dans lequel l'homme se sent un peu perdu. Pourtant, le million de mètres cubes que jauge ce vide souterrain est peu de chose comparé aux 3 millions de la salle de la Verna, dans le gouffre de la Pierre-Saint-Martin, ou aux 4 millions de la Torca del Carlista, en Espagne.

Une anecdote donnera une idée plus précise de ce que les chiffres ne font que suggérer. En 1953, l'équipe de spéléologues qui explorait la rivière souterraine de la Pierre-Saint-Martin parvint au seuil d'une cascade et, là, déboucha sur le vide. Au-delà, tout était noir, aucun relief n'accrochait plus le faisceau des lampes, pourtant puissantes, que les explorateurs dirigeaient en tous sens. À tel point que le doute s'insinua dans leur esprit. Étaient-ils ressortis en pleine nuit dans quelque cirque inconnu de la montagne ? Mais non ! Il était 3 heures de l'après-midi. Dehors, le soleil devait briller. Il fallut se rendre à l'évidence : ces ténèbres sans limite apparente étaient celles d'une caverne. La salle de la Verna venait d'être découverte.

▲
La rivière souterraine de la Pierre-Saint-Martin aborde par une cascade l'immense salle de la Verna, si vaste que les faisceaux des lampes s'y perdent dans les ténèbres.
Phot. Lefranc-Atlas-Photo

▶
Les lacs de la Cueva del Drach, dans l'île de Majorque (Baléares), reflètent des voûtes constellées de fines stalactites.
Phot. Pictor-Aarons

Ces évasements considérables ne sont pas toujours horizontaux. La géographie souterraine compte aussi d'étonnantes cheminées verticales. La plus profonde que l'on connaisse à ce jour se trouve au Mexique : c'est le Sotano del Barro, dont la gueule béante, vaste comme un champ de foire (420 m × 210 m), s'ouvre en pleine forêt, entourée de palmes et de lianes. Du bord, on aperçoit les parois fuyant vers le bas. Des perruches volettent dans ce grand vide sombre et vertical. Une pierre lancée dans l'orifice disparaît d'abord en silence, happée par l'obscurité, puis on l'entend siffler un moment. Le sifflement s'amenuise et, enfin, l'écho d'un choc lointain monte de l'abîme, indiquant l'arrivée du projectile au fond du gouffre. Le Sotano mesure 410 m à pic.

Mis à part un diverticule insignifiant, le Sotano del Barro ne possède aucun prolongement, alors que d'autres cavités aux orifices plus discrets accumulent les puits par lesquels l'eau chemine et s'enfonce dans le sol. Les amateurs de chiffres et de records savent que l'on peut s'enfoncer de 1 332 m sous l'orifice supérieur du labyrinthe pyrénéen de la Pierre-Saint-Martin. Ce n'est pourtant pas le plus profond du monde. Le 5 mars 1980, des spéléologues sont descendus jusqu'à 1 410 m dans le gouffre de Samoëns (Haute-Savoie), battant ainsi le record international de profondeur.

Les extravagantes créations de l'eau

C'est l'eau qui est responsable de ces invraisemblables tuyauteries : les gouttes minuscules qui ont creusé le calcaire jusqu'à dégager ces

◄

Brésil : dans la grotte de Los Brejoes, une rivière aujourd'hui tarie a édifié avec de la calcite une cascade de cuvettes appelées «gours».
Phot. Choppy-Atlas-Photo

▲
*L'ampleur de ses salles et la variété de ses majes-
tueuses concrétions font de l'aven d'Orgnac une des
plus belles grottes de France.*
Phot. Choppy-Atlas-Photo

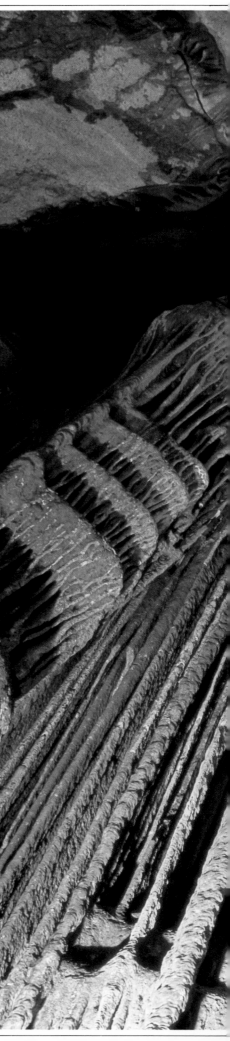

énormes nefs souterraines forment des nappes qui composent d'ahurissants décors lacustres, des paysages où tout est silence, où le miroir aquatique reproduit fidèlement l'ornementation baroque des rives et des voûtes hérissées de stalactites, des sites où le réel est plus irréel que le rêve. Les lacs de la Cueva del Drach, à Majorque, ou certains tronçons de la rivière souterraine de Jeita, au Liban, veillés par de gigantesques pénitents d'albâtre, forment bien ce «monde des géants sublimes» qui suscitait déjà l'enthousiasme de George Sand et devant lequel les plus bruyantes cohortes de touristes font silence.

Malheureusement, les ruissellements qui créent les gouffres et les grottes, qui les animent et les font vivre, finissent par les tuer. Les limons charriés par une rivière arrivent, à la longue, à colmater les plus grands vides que celle-ci avait d'abord creusés. Le calcaire que l'eau dissout en circulant dans ses interstices est déposé plus loin, et ces dépôts microscopiques s'accumulent pour former des stalactites, des stalagmites, des fleurs de calcite, des orchidées minérales qui, peu à peu, envahissent leur serre souterraine et la remplissent. Visiteur d'une caverne aménagée ou spéléologue explorant une cavité inconnue, on éprouve toujours un émerveillement en découvrant, au détour d'une galerie, un paysage de concrétions édifié par la calcite. Le *Giant Dom* des Carlsbad Caverns, l'édifice de cristal d'une hauteur stupéfiante récemment découvert dans la grotte turque de Cocaïn, la stalagmite isolée, dénommée «Tour astronomique», qui trône dans une salle de la caverne de la Baradla (Hongrie) ne

▲
Afrique du Sud : les Cango Caves, qui s'enfoncent de 3 km dans une colline de la province du Cap, recèlent de somptueuses draperies de calcite.
Phot. Sugar-Explorer

▶
Au cours des millénaires, le patient travail d'innombrables gouttes d'eau a tapissé les hautes parois de l'aven d'Orgnac d'un fabuleux et fragile décor.
Phot. Loucel-Fotogram

Double page suivante :
La foisonnante forêt de stalagmites de l'aven Armand, dont la plus haute s'élève à une trentaine de mètres, passe pour être unique au monde.
Phot. C. Lénars

▲
La «colonne aux pattes d'araignée», une des curieuses architectures de calcaire dont les ruissellements ont peuplé les nombreuses salles des grottes de Lacave, près de Rocamadour.
Phot. Martin-Guillou-Fotogram

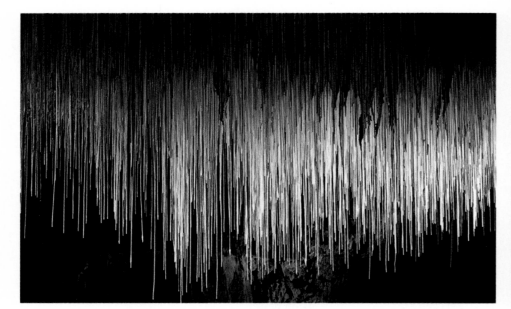

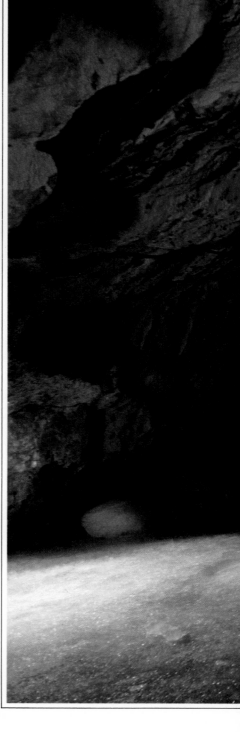

sont que des exemples parmi tant d'autres des architectures que savent ériger les minuscules gouttes d'eau.

Il faut également tenir compte de la couleur. Dans la grotte yougoslave de Postojna, le « dais » n'est pas seulement une formation à la silhouette étrange, avec son surplomb et ses courtines plissées : les oxydes de fer qui imprègnent son carbonate de chaux lui confèrent des teintes sanguinolentes qui contrastent violemment avec les parois immaculées auxquelles il s'appuie. Les « ailes d'ange », d'une blancheur de neige, que l'on peut admirer à la Clamouse (France) ou à Grand Cavern (États-Unis) tranchent sur l'opacité rugueuse du roc qui les soutient.

Parfois, la fantaisie atteint à l'exubérance. Les stalagmites en tronc de palmier qui se multiplient dans l'aven Armand (France) ou dans la galerie du Silence, aux Škocjanske jame (Yougoslavie), composent les plus démentes « forêts » de la terre. À force de se multiplier, cette profusion devient envahissante. Dans la salle de l'Alhambra, au cœur de la grotte de Han (Belgique), stalactites, stalagmites et colonnes d'albâtre s'enchevêtrent avec une telle exubérance que chacune de ces concrétions se fond dans un décor qui n'a plus aucun lien avec nos références habituelles.

Et les gouttes d'eau poursuivent inlassablement leurs constructions. La colonnade géante de la Cueva de Arta, aux Baléares (Espagne), ornée d'encorbellements et serrée comme une batterie d'orgue, fut jadis une grille de fines colonnettes ; maintenant, ces pilastres ont grossi et couvrent toute la paroi. Devant ce merveilleux édifice de cristal, on ne peut s'empêcher de regretter que son énormité même marque, en fait, l'agonie de la grotte qui l'abrite. Les cavernes meurent de leur beauté.

Mais quelle beauté ! Il faut avoir contemplé le délicat décor de baguettes et de lianes translucides, de fleurs aux pétales transparents,

de duvets de gypse et de neiges d'amiante, accumulés comme ils le sont dans la grotte languedocienne de Lauzinas (interdite au public), pour comprendre ce que signifie l'image éculée du « palais de cristal ». Là, des myriades de facettes réfléchissent la lueur de la moindre bougie. L'œil se perd à scruter d'inextricables contours que les ténèbres estompent, à suivre des formes réelles, mais si excentriques que la raison voudrait les rejeter. Perdu dans la contemplation de ces foisonnements de cristaux, l'homme retrouve les féeries de son enfance. Rien n'y manque, même pas les jeux : les « œufs au plat » si parfaitement imités de la grotte améri-

caine de Luray, avec leur jaune bien rond et leur blanc en corolle, constituent les « farces et attrapes » de la nature et complètent la gamme des créations de l'eau et du calcaire.

Pour édifier ses décors de stalactites et de stalagmites, l'eau n'a même pas besoin du carbonate de chaux : il lui suffit d'accumuler de la glace. Au plus fort de l'été, les pendentifs de la caverne de Scarisoara perpétuent les décors de l'hiver dans le sous-sol roumain.

▲
Familièrement baptisées « macaronis », ces stalactites filiformes, qui pendent par milliers des voûtes de la grotte de Coufin, dans l'Isère, sont creuses et longues de 2 m en moyenne.
Phot. Marry-Rapho

▲
Aveugle, dépigmenté, le protée est une espèce de triton aux pattes minuscules, qui vit dans les ténèbres opaques des grottes yougoslaves.
Phot. Tercafs-Jacana

Quant aux massifs de glace et aux mousses de givre que le froid entasse dans l'Eisriesenwelt et l'énorme caverne glacée du Dachstein-Riesen-eishöhle (Autriche), leur aspect arracha à celui qui les découvrit, Alex von Mork, un cri de poète : « Est-ce possible qu'il y ait, sur cette terre, un tel royaume de féerie ? C'est l'univers de Thor, d'Hymir, du géant des tempêtes, un lieu élu où l'on peut revivre les vieilles légendes germaniques ! »

Des bêtes pas comme les autres

Ces refuges du rêve que sont les cavernes abritent aussi une vie bien réelle, mais dont les formes relèvent également du merveilleux. Des animaux s'accommodent des ténèbres opaques du sous-sol. Le premier zoologiste à y faire allusion fut le comte autrichien Valvassor, qui décrivit, au XVIIIᵉ siècle, le protée, cette étrange sala-

▲
Sans apport de calcaire, avec la seule aide du froid, les eaux souterraines peuvent aussi dresser des piliers de glace. (Grotte de Demänová, dans les monts Tatras, en Tchécoslovaquie.)
Phot. Choppy-Atlas-Photo

mandre blanchâtre, aveugle, qui se cache dans les cavernes de Carniole. En 1802, le baron prussien von Humboldt signala, dans les grottes du Venezuela, la présence d'un oiseau, le guacharo, qui, comme les chauves-souris, se dirige dans les ténèbres à l'aide d'un sonar. Depuis, de savantes recherches ont confirmé l'existence de cette faune des limbes, souvent très différente des espèces vivant à la lumière du jour. On ne saurait visiter la grotte de

13

Postojna sans rendre visite aux protées que les naturalistes yougoslaves élèvent dans des bacs aménagés dans un diverticule de la caverne. La silhouette, le comportement, le métabolisme de cette salamandre des profondeurs traduisent l'adaptation parfaite aux conditions écologiques d'un milieu obscur. Ce cavernicole ne quitte jamais son abri souterrain, et l'obscurité dans laquelle se déroule son existence a entraîné la dépigmentation de son corps. L'organisme du protée est presque transparent, et on a l'impression de voir à travers lui comme aux rayons X.

Parfois, une luminescence compense cette dépigmentation. Dans la grotte néo-zélandaise de Waitomo, le «clou» de la visite est constitué par les célèbres *glow-worms*, curieux filaments phosphorescents qui, à certains endroits, pendent de la voûte, au-dessus d'un lac souterrain. Si les touristes qui défilent en barque sous ces pendentifs lumineux pouvaient les observer de plus près, ils constateraient que ces filaments sont formés par des vers luisants, accrochés les uns aux autres comme les grains d'un chapelet. Leur métabolisme a compensé l'absence de lumière ambiante par l'émission de lumière organique.

Parmi les conséquences biologiques de l'obscurité régnant dans les grottes, on peut noter la cécité plus ou moins complète qui frappe les animaux qui y vivent. L'*Aphænops* (une sorte de carabe) que les spécialistes observent dans le gouffre de la Pierre-Saint-Martin illustre bien cette atrophie de l'appareil oculaire. Les yeux de l'insecte ont disparu, mais les organes tactiles ont acquis un développement qui compense cette cécité. L'*Aphænops* est un aveugle qui avance à tâtons. Comme il ne peut pas voler dans les ténèbres du gouffre, ses ailes se sont, elles aussi, atrophiées, et ses élytres se sont soudés.

Les modifications spectaculaires de ce cavernicole illustrent de façon frappante l'un des grands mystères de la biologie, la faculté d'adaptation qui permet à tout être vivant de s'accommoder de son milieu, si hostile soit-il. Car ces animaux sont des réfugiés. Si leurs ancêtres ont élu domicile dans les ténèbres humides et froides des gouffres, c'était avant tout pour fuir la surface du sol, où les conditions de vie leur étaient devenues intolérables. Pour le protée et l'*Aphænops*, véritables fossiles vivants, la grotte de Postojna et le gouffre de la Pierre-Saint-Martin ont joué le rôle d'asile.

Les musées des ténèbres

Cette fonction d'abri caractérise les cavernes. L'homme lui-même en a souvent bénéficié au cours de son histoire et de sa préhistoire. À force de recourir au refuge souterrain, les peuples ont même fait de la caverne la mémoire de l'humanité. La grotte de Wyandotte est, pour les États-Unis, un irremplaçable conservatoire du passé. L'abri des voûtes et la sécheresse ambiante y ont sauvegardé, jusqu'à notre époque, des vanneries

tressées par les Indiens primitifs. On peut même y observer des empreintes de mocassins laissées sur le sol par les premiers Américains.

Des empreintes aussi nettes, mais bien plus anciennes, subsistent en France, dans l'Ariège. Il y a quelques années, en débouchant dans un diverticule de la grotte de Niaux, une équipe de spéléologues tomba en arrêt devant une piste laissée par des êtres humains. Dix mille ans plus tôt, une famille de chasseurs magdaléniens avait arpenté le sol argileux de cette galerie, et l'on distinguait fort bien les pas d'un adulte et les gambades de trois enfants. Le sol portait encore la trace de la glissade qui avait failli faire tomber l'homme, et la marque de ses talons plantés dans l'argile meuble indiquait la

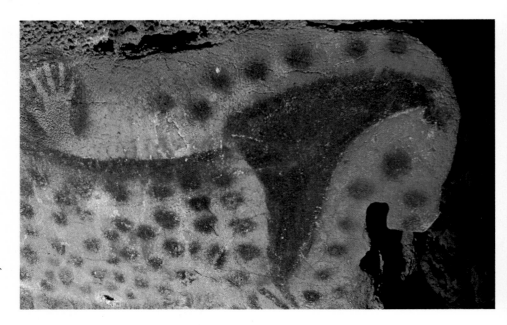

façon dont il avait enrayé sa chute. Ces détails nous émeuvent par leur insignifiance même. Rien de plus banal, en somme, que cette promenade d'un homme et de trois enfants : c'est la vie quotidienne. Mais cette scène vieille de cent siècles, dont le témoignage nous est livré intact, en dépit des bouleversements de l'histoire, c'est à la grotte que nous la devons.

Sous terre, le temps est aboli, et il est souvent difficile de reconstituer l'enchaînement des siècles. Démêler leur énigmatique ancienneté reste affaire de spécialiste, mais il n'est pas nécessaire de l'être pour subir l'envoûtement de certains des vestiges que le monde souterrain nous restitue. En regardant les fresques animalières dont les chasseurs magdaléniens ont orné les grottes des Ekaïn, d'Altamira, de Niaux et de Lascaux, la tétralogie de l'art pariétal hypogé, ne peut-on oublier un instant leur âge et le cortège des données culturelles qui leur sont habituellement associées pour s'abandonner au plaisir immédiat de la contemplation et se laisser imprégner de leur beauté ?

La première de ces quatre grottes majeures, celle des Ekaïn, cache son musée souterrain non loin d'une ferme de la montagne basque

▲
Mains «négatives», ponctuations et silhouettes animales font de la grotte-temple de Pech-Merle, dans le Quercy, un important centre d'études préhistoriques.
Phot. C. Lénars

espagnole. Dans la pénombre, on distingue des silhouettes de chevaux, dessinées au trait sur le plafond d'un couloir, et, aussitôt, l'indéniable grâce de cette fresque rustique confère à cette anfractuosité des allures raffinées de *palazzo* vénitien. Et si la rosace composée par les petits poneys donne le vertige, ce n'est pas dû à son mouvement apparent, mais à son élégance.

À la limite des Asturies, près de Santillana del Mar, une intense émotion artistique attend le visiteur d'Altamira, le deuxième de ces musées sous la terre. L'antre est petit, son plafond bas. Il faut se coucher par terre, sur le dos, et attendre, le nez presque contre la voûte. Au début, on ne voit rien. Soudain, les contours de la fresque prennent forme. D'admi-

rables silhouettes animales surgissent. Le plafond rocheux se métamorphose en un bestiaire des temps glaciaires. Un sanglier bondit, boutoirs en avant. Un formidable bison charge avec tant de fureur qu'on s'étonne de ne pas entendre le piétinement de ses sabots. Ces bêtes vivent. On est stupéfait par les dégradés

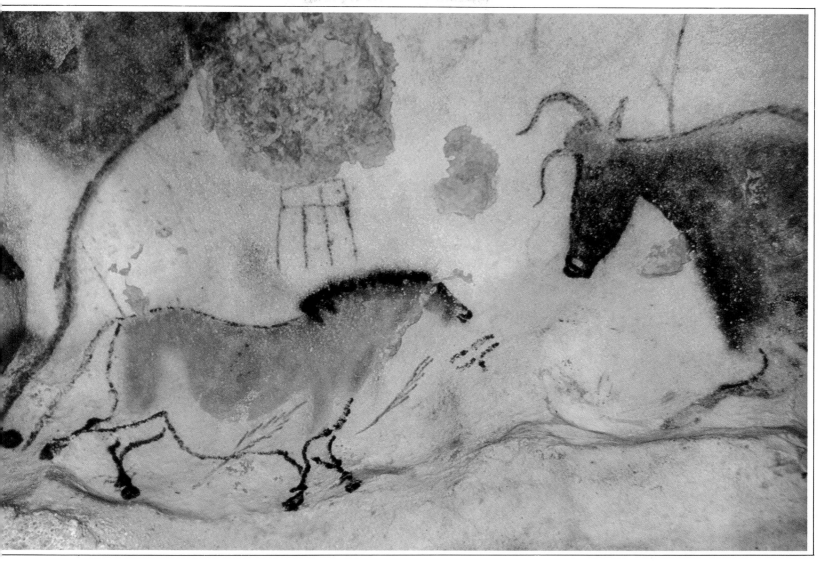

que l'artiste primitif a su ménager dans leur modelé pour leur insuffler le mouvement. Il faut se rendre à l'évidence : le plafond peint d'Altamira expose quelques-uns des chefs-d'œuvre de la peinture de tous les temps.

Le troisième de ces Louvres souterrains se trouve à Niaux, dans les Pyrénées françaises.

De longs couloirs y servent de vestibule aux fresques. Il faut marcher un moment dans cette nudité rocheuse avant de parvenir au saint des saints. Les guides ont tort de meubler de détails anecdotiques ce qui devrait être un délai d'anticipation, indispensable pour apprécier pleinement les fresques. Enfin, on débouche sur la vaste esplanade du Salon noir, où se déploient les principales peintures. La disposition en rotonde de cette salle correspond bien au souci de composition qui semble avoir présidé à l'élaboration des fresques animalières. Elle oblige le spectateur à tourner sur lui-même pour en suivre le déroulement, et ce mouvement finit par imprimer une animation à la frise. Tout le long de l'hémicycle, les bouquetins, les sangliers, les chevaux ont l'air de défiler. Le faisceau lumineux que le guide projette sur eux paraît suspendre leur course, pourtant figée depuis dix mille ans. Rien ne manque, ni les barbiches des petits chevaux, ni les stries sur les cornes des bouquetins. Le don d'observation des animaliers de Niaux n'avait rien à envier à celui de nos zoologistes. Le soutien que le figuratif apporte à la recherche cynétique est la caractéristique de l'art de Niaux.

◀

On ignore à quelle époque les aborigènes de l'Australie peignirent ces kangourous sur une paroi des Christmas Caves.
Phot. J.-P. Ferrero

Ultime étape de ce circuit artistique, la grotte de Lascaux, « chapelle Sixtine de la préhistoire », comme la surnommait l'abbé Breuil, fut découverte par des enfants en 1940. Ouverte au public en 1950, elle lui est fermée depuis 1963, l'affluence que suscitait sa splendeur ayant provoqué une pollution qui altérait les fresques. Lascaux, c'est la conjonction du génie et de la chance. On n'en finirait pas d'énumérer les techniques utilisées par le maître de Lascaux pour peindre des vaches et des taureaux : tracé au doigt ou au pinceau de bois pour accuser le trait ; pochoir et estompage pour en atténuer la force ; profusion des sujets, qui envahissent le moindre emplacement susceptible d'accueillir une peinture ; gamme de coloris somptueux, allant du jaune au noir en passant par le pourpre et les ocres, étalés en puissants aplats. Tout, ici, indique la maîtrise et la fécondité du génie artistique. De plus, l'œuvre est servie par

▲

L'incomparable maîtrise des artistes du paléolithique qui exécutèrent ses fresques a valu à la grotte de Lascaux le surnom flatteur de « chapelle Sixtine de la préhistoire ».
Phot. J. Vertut

▶

Les peintures préhistoriques qui ont eu la chance d'être recouvertes d'une pellicule protectrice de calcite, comme celles de la grotte de Niaux, vieilles de quelque 10 000 ans, ont conservé toute leur fraîcheur.
Phot. J. Vertut

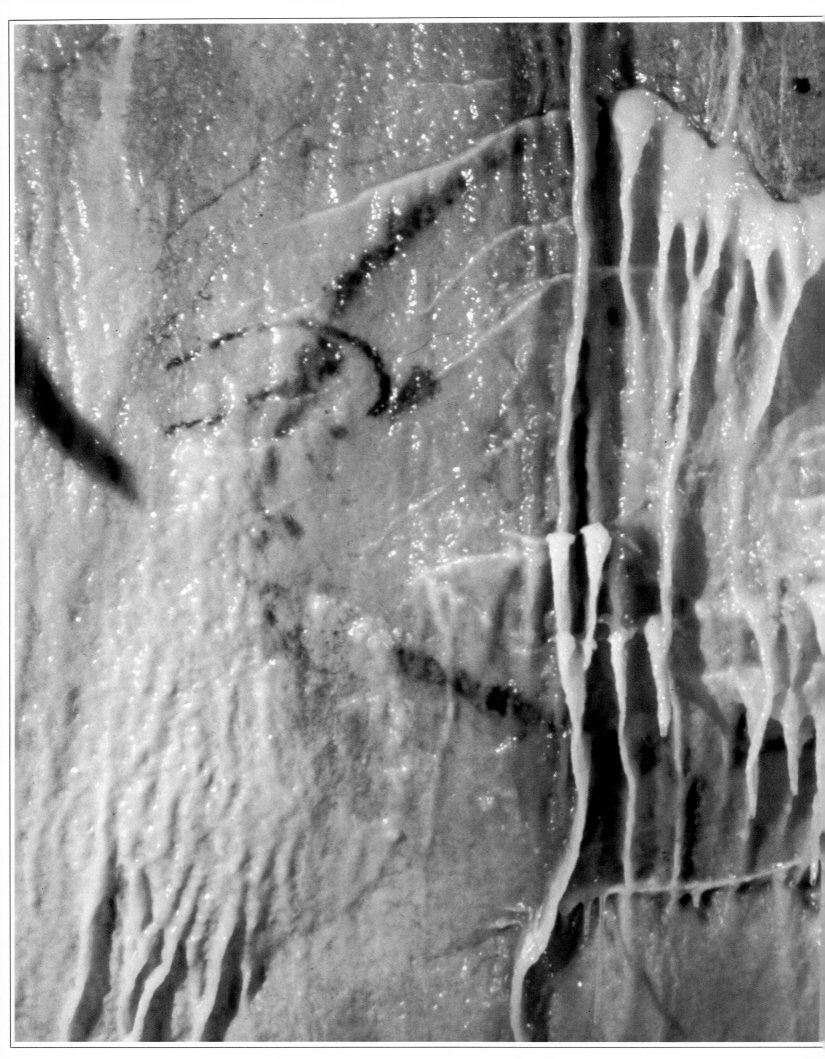

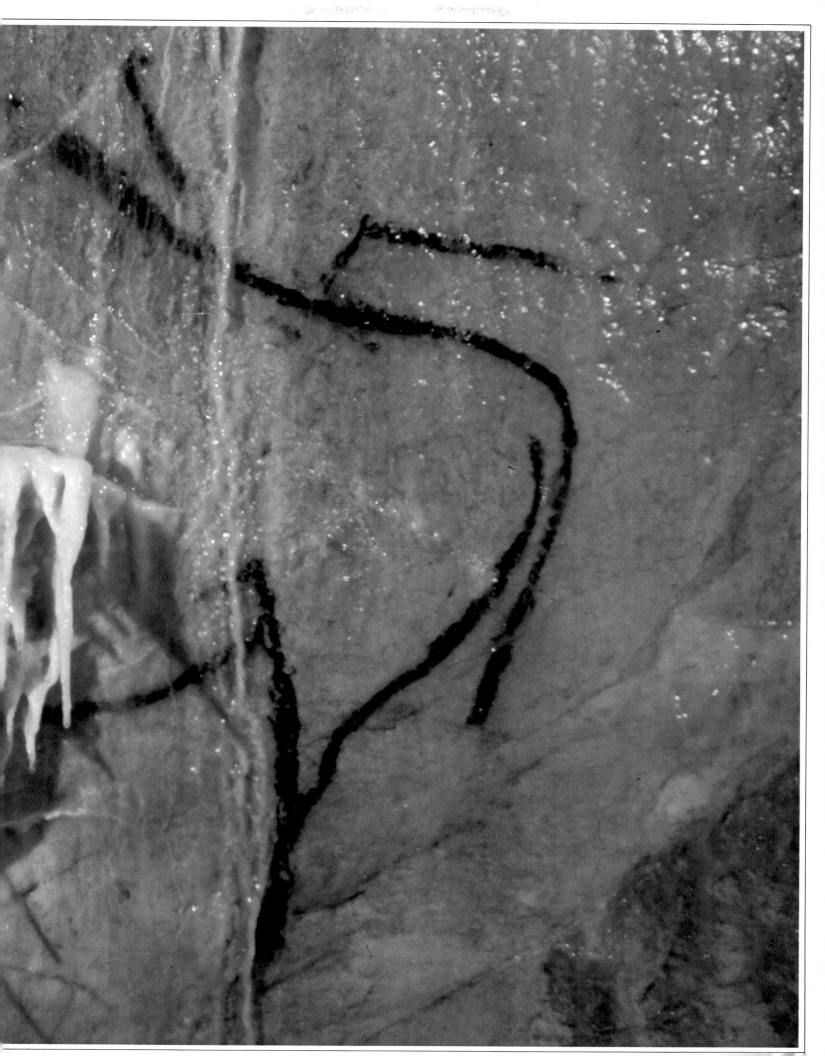

le cadre. Si accomplies que soient ces fresques, paraîtraient-elles aussi fraîches, aussi nettes sans la blancheur du calcaire de Dordogne qui leur sert de support? Quoi qu'il en soit, les peintures de Lascaux sont, dans l'état actuel de nos connaissances, les œuvres d'art les plus admirables qu'une caverne ait jamais suscitées.

En Inde, les temples de la mort

Car la caverne engendre l'art. Le secret de ses méandres et le mystère de ses ténèbres font naître un hermétisme propre à susciter la véné-

ration, l'un des plus puissants facteurs de la création artistique. C'est si vrai que, en Chine et en Inde, la fécondité créatrice n'aurait sans doute jamais atteint son plein épanouissement sans le secours des grottes. Les statues du grand hypogée chinois de Yun gang, par exemple, expriment moins l'adoration du Bouddha que l'essence cosmique du divin. La spiritualité y vient des choses, non de l'âme. Sans doute les grottes étaient-elles déjà ébauchées par la nature lorsque, en l'an 460, le moine T'an Hao y importa de l'Inde son mysticisme. Nommé chef de l'Église, le religieux fit transformer le roc brut du Shanxi en un peuple de statues à la gloire de Çakyamuni. Dans les 21 grottes qui s'ouvrent ici, face à un paysage dont le dépouillement annonce déjà le tout proche désert de Gobi, les raffinements des sculpteurs Wei, transposant dans la pierre leur maniérisme de modeleurs d'argile, peuvent sembler déroutants au premier abord. Il faut tenir compte de la taille colossale de certains bouddhas, dont l'énormité ne relève plus de l'échelle humaine, mais de celle des cavernes. C'est par celles-ci que passe le souffle épique qui anime l'ensemble et fait frissonner tous ceux qui le contemplent.

Celui qui ne perçoit pas ces influences cosmiques ne saurait apprécier vraiment les grands hypogées de l'Inde. Cette perception peut toutefois être désorientée par la disposition d'Ellora, parce qu'il ne s'agit pas, à proprement parler, de cavernes, mais plutôt d'une carrière. Avant de devenir des hypogées, les temples ont été des monolithes, isolés par l'homme, à coups de pic, du plateau rocheux. De plus, la richesse des sculptures fait oublier leur position souterraine et rend l'intervention humaine trop sensible. Durant toute la visite, il faut faire un effort constant pour se rappeler que les architectures d'Ellora ne sont pas construites, mais creusées, comme des grottes.

Rien de tel à Elephanta. Dans l'hypogée sacré de l'île, au large de Bombay, le visiteur a rendez-vous avec des colosses. La dimension des statues est telle que les veines de la pierre, les strates géologiques, les fissures de la roche ont un rôle à jouer : à Elephanta, les effets de la nature se conjuguent à l'art du sculpteur pour mieux impressionner. La comparaison entre ce temple et les grottes d'Ellora n'est d'ailleurs pas inutile, les effigies des deux hypogées glorifiant le même dieu de la Mort. En visitant successivement ces deux merveilles souterraines, on notera que le Çiva d'Ellora est représenté tantôt au repos, tantôt dansant (symbole de la divinité semant la mort, mais engendrant aussitôt la résurrection), tandis que la Maheçamourti d'Elephanta réunit, sur un seul corps, trois têtes de Çiva, sous trois aspects : majestueux, souriant et terrifiant. À Ellora, la sculpture transpose l'homme ; à Elephanta, elle transcende le souterrain.

Les moines bouddhistes de l'époque Gupta qui creusèrent les grottes d'Ajanta et les ornèrent d'admirables fresques poursuivaient le même but que les confréries hindouistes responsables d'Elephanta et de ses sculptures à la

▲
Chine : excavées dans une falaise au VIᵉ et au VIIᵉ siècle, les grottes bouddhiques de Longmen abritent une multitude de statues de toutes tailles. (Grotte des Dix Mille Bouddhas, ou Wan fo dong.)
Phot. Pictor-Aarons

gloire de la Mort : créer un temple ou un monastère retranché du monde. Si Elephanta est isolé sur son île, Ajanta se cache au flanc d'une gorge. Cette situation condense encore davantage le souffle épique de la caverne et oriente notre sensibilité. Tant pis si une fresque est à moitié effacée, puisque cette destruction est due aux ruissellements de la paroi. La précarité de ces peintures complète bien leur grâce, à l'image de l'homme, enfant fragile de la création. Ce qui demeure inébranlable, c'est le souterrain.

Ces hypogées creusés de main d'homme — comme les grands tombeaux sassanides de la Perse et les nécropoles pharaoniques de la vallée des Rois — évoquent bien mieux l'élan cosmique du monde souterrain que certaines grottes naturelles transformées en attractions foraines par des aménagements touristiques excessifs. Ces puissants sanctuaires rupestres expriment le besoin de crypte, qui relie sans cesse les œuvres de l'homme et celles de la nature. Ce besoin est même antérieur à la notion de temple. Les folklores de tous les pays font un grand usage de la grotte pour y loger leurs dieux ou renforcer leurs allégories. La mythologie grecque, par exemple, abrite les amours de Vénus et d'Adonis dans la grotte d'Afqa, au Liban. Le site est assez spectaculaire pour inspirer le respect, avec son porche géant perçant le front d'une falaise au pied de laquelle naît le fleuve Ibrahim, mais il faut une bonne dose d'imagination pour voir dans cet antre pierreux, balayé par les vents, une alcôve douillette. Il est vrai que la légende sublime les décors. La grotte d'Afqa prend toute son ampleur au printemps, lorsque la fonte des neiges empourpre de limon les flots grossis de sa résurgence. Pour la mythologie, ce phénomène résultait d'un meurtre, l'assassinat d'Adonis par Mars. Vénus aurait décidé que le sang de son amant coulerait une fois l'an pour commémorer le souvenir du jeune homme qui avait eu le malheur d'être trop beau, et saluer la renaissance du printemps. Cette explication vaut ce qu'elle vaut. Elle a au moins le mérite d'unir les croyances des hommes aux phénomènes souterrains.

Le village sous la terre

L'attirance des hommes pour les cryptes découle sans doute de la tendance instinctive qui nous pousse à nous cacher sous la terre quand notre vie est menacée. Ne creuse-t-on pas des abris souterrains chaque fois qu'il n'existe pas de grotte où se réfugier ? Le monde a vu ainsi se multiplier d'étranges terriers, auxquels des populations entières ont confié leur sécurité et qui étonnent par l'ingéniosité de leur disposition.

Le plus achevé de ces souterrains-refuges se dissimule sous le village de Naours, dans la Somme. Ce n'est pas une cave, mais un véritable bourg secret qui a été creusé dans le sol. Sa conception révèle un souci manifeste d'urbanisation, avec ses places et ses ruelles, ses logements dont les portes évitent le vis-à-vis pour ménager l'indépendance des voisins, ses étables et sa fontaine. L'entrée de cette cachette collective est dissimulée par un buisson, et on a multiplié les chicanes pour mieux assurer sa sécurité et celle de ses habitants. Des meurtrières commandent les voies d'accès et permettent de mitrailler impunément l'intrus. Afin de ne pas être trahis par les feux des fourneaux, les bâtisseurs ont coudé les conduits de fumée, et, deux précautions valant mieux qu'une, ils les ont fait déboucher dans la cheminée toujours fumante du boulanger du village de surface. Il faut croire que la ruse était bonne, car cette « planque » perfectionnée fonctionna parfaitement. En 1636, les péripéties de la guerre de Trente Ans amenèrent les soudards du prince Thomas, généralissime des armées espagnoles, à camper à Naours. Les envahisseurs pillèrent le village de surface sans soupçonner que la population et ses richesses étaient cachées sous leurs pieds.

Comme tant d'autres, cette curiosité est maintenant classée parmi les monuments historiques. Partout dans le monde, on a compris l'intérêt que présentent les grottes et entrepris de les protéger. Aux États-Unis, Mammoth Cave a été érigée en parc national dès 1911, les Carlsbad Caverns en 1923. Postojna en Yougoslavie, la Baradla en Hongrie bénéficient, elles aussi, de la protection légale, comme Yun gang en Chine et Lascaux en France. Sans cela, les merveilles souterraines qui deviennent des attractions touristiques disparaîtraient, victimes de l'attirance qu'elles exercent.

Au siècle dernier, l'empereur d'Autriche Ferdinand Ier eut l'idée de placer quelques lustres et des flambeaux dans la grotte de Postojna et d'y installer un orchestre, afin de transformer sa rotonde de stalactites en une insolite salle de bal. Quelques décennies plus tard, les Polonais commencèrent à mettre à profit les étincelantes masses de sel gemme que contient la mine de Wieliczka. On y dansait la mazurka et on y priait sainte Cunégonde.

Notre civilisation des loisirs préfère y précipiter des foules moutonnières au cours de visites soigneusement minutées. On paye pour passer un quart d'heure dans la mine de Wieliczka ou dans la grotte de Luray (États-Unis). Postojna reçoit actuellement 110 000 visiteurs par an. Dans le même temps, les guichets des Carlsbad Caverns débitent 500 000 entrées payantes, et ceux de Mammoth Cave 1 200 000 tickets. La merveille souterraine fait recette. Est-ce à cause de son étrangeté ? Sans doute. Peut-être aussi l'incursion sous terre reste-t-elle, comme un atavisme, chevillée au cœur des hommes ■ Pierre MINVIELLE

◀

Inde : joyau des grottes d'Ellora, le temple du Kailasha a été taillé à même le roc au début du Moyen Âge indien (VIIIe s.).
Phot. S. Held

▲

Inde : les 30 cavernes artificielles d'Ajanta, creusées dans la gorge abrupte d'une rivière, étaient des monastères bouddhiques ; les plus anciennes remontent au IIe siècle av. J.-C.
Phot. Nou-Explorer

▶

Dans les profondeurs de la terre, un monde silencieux, immobile et ténébreux attend l'arrivée du spéléologue pour lui révéler ses trésors. (Aven d'Orgnac.)
Phot. Choppy-Atlas-Photo

féeries souterraines

féeries sous-marines

Hawaii. Le *Star II*, sous-marin de poche biplace, effectue une campagne d'études pour le compte de l'Institut de biologie marine. Il allume ses phares : les faisceaux lumineux révèlent de stupéfiantes arborescences roses. Il s'agit de corail, mais d'un corail géant, dont les branches atteignent 6 à 7 cm de diamètre. Un peu plus loin, le *Star II* découvrira une autre espèce ignorée : du corail doré.

Richesse des eaux méditerranéennes, le corail rouge, employé en bijouterie, est bien connu. Plus rare, le corail noir est récolté dans les eaux africaines et celles de l'Atlantique tropical. Voilà du nouveau : le corail rose et le corail d'or. Le premier n'est pas tout à fait une découverte : on ignorait qu'il pouvait atteindre cette taille, mais les Japonais en faisaient de délicats bijoux, en supposant qu'il s'agissait d'une altération du corail rouge.

Ce dernier, comme le corail noir, croît sur des fonds de 30 à 100 m, donc accessibles aux plongeurs-scaphandriers. Rose ou doré, il n'apparaît qu'à de plus grandes profondeurs. Les Japonais pêchent le corail rose avec des appareils du même genre que la croix d'arrachage, vieil engin formé de tringles de fer et de morceaux de filets que les coralliers tirent derrière leurs embarcations. Les prises étant forcément assez limitées, le corail a le temps de se développer et atteint alors des dimensions surprenantes.

« Nous avons même vu des coraux qui produisaient une bioluminescence, déclare Katrin Musik, biologiste et observatrice à bord du *Star II*. Étant donné leur taille, nous avions l'impression de passer, dans le silence des profondeurs, devant de fantastiques et mystérieux arbres de Noël. »

Ce sont des colonies d'animaux minuscules, vieux comme le monde, les polypes, qui produisent les arborescences calcaires des coraux. Ceux-ci revêtent toutes les formes imaginables, dures ou molles. Des échantillons de corail d'or ont été étudiés : ils sont recouverts d'un granulé qui est la couche superficielle de la production des polypes vivants ; après nettoyage, le « squelette » semble être en or massif, avec des branches grosses comme le poignet.

La variété des richesses naturelles marines déjoue sans cesse les pronostics. On a longtemps répété que, au-delà de quelques centaines de mètres de profondeur, la vie disparaissait des océans. Aujourd'hui, on sait qu'elle se manifeste jusque dans les plus profonds abysses. Le corail d'or constitue une preuve nouvelle de l'imagination de la nature et de la force de la vie sous les mers.

▲
Des poissons chatoyants comme des papillons côtoient des virtuoses du mimétisme et des êtres étranges, ressemblant à des plantes ou à des cailloux.
Phot. Pignères-Gamma

▲

Les coraux sont des colonies d'animaux minuscules, les polypes, qui sécrètent un squelette calcaire parfois très coloré, comme celui du célèbre corail rouge, bien connu en bijouterie.
Phot. Petron-C. E. D. R. I.

Un monde immense et foisonnant

Notre planète est essentiellement marine, puisque les eaux couvrent 70 p. 100 de sa surface. Comme, en outre, la profondeur moyenne des mers dépasse de beaucoup l'élévation moyenne des continents, l'espace marin est dix-huit fois plus grand que le volume des terres émergées. Les formes de vie animale et végétale s'y sont multipliées dans une proportion comparable, en fonction de nombreuses données : température et salinité de l'eau, profondeur, courants, nature du sol marin, etc.

Sous la surface, la variété du relief, de la végétation et de la faune entraîne la formation de décors fort différents : somptueux jardins, fortifications des coraux bâtisseurs, forêts d'algues, déserts où les animaux se camouflent, paysages montagneux où chassent les grands prédateurs, brousses étranges. La vie océanique est présente jusque dans les régions polaires. Si l'exploration sous-marine a révélé les splendeurs des fonds tropicaux, elle a conduit aussi à la découverte du monde mystérieux des eaux arctiques et antarctiques, avec les

pieuvres blanches, les requins des glaces, les crabes géants, les phoques, les algues qui tapissent le dessous chaotique de la banquise.

Cependant, la lumière étant un facteur déterminant pour la croissance des végétaux et des animaux marins, c'est au voisinage de la surface et jusqu'à une centaine de mètres de profondeur, selon la transparence des eaux, que la vie marine est le plus dense. C'est également là que s'étendent les plus beaux fonds sous-marins du monde. Même à proximité des rivages, les espèces y sont innombrables.

Il y a une quarantaine d'années, le célèbre écrivain américain John Steinbeck s'embarquait, avec son vieux compagnon « Doc » Ed Ricketts, sur le *Western Flyer.* Objectif : la mer de Cortez, immense golfe de la Californie mexicaine, communiquant avec l'océan Pacifique. Pendant des semaines, l'écrivain et le médecin, passionnés de biologie, n'entrant dans la mer qu'à mi-corps, équipés de la traditionnelle « lunette de calfat » (un seau à fond de verre), examinèrent les petits fonds, ramassant des milliers de spécimens. Steinbeck expliqua plus tard, dans son livre *la Mer de Cortez,* sa

▲

Communément appelés « coraux de feu », les millépores se hérissent, au moindre contact, de milliers d'aiguilles urticantes, qui incitent à la prudence les plongeurs de la mer Rouge.
Phot. Pignères-Gamma

▶

Apparemment plus proches des plantes que des animaux, éponges et alcyonaires tapissent les parois des grottes sous-marines d'une surprenante végétation.
Phot. Gladu-Atlas-Photo

▲
Le poisson-clown a conclu un accord avec la redou-
table anémone de mer : elle le protège de ses tentacules
venimeux ; en échange, il la débarrasse de ses déchets.
Phot. Pignères-Gamma

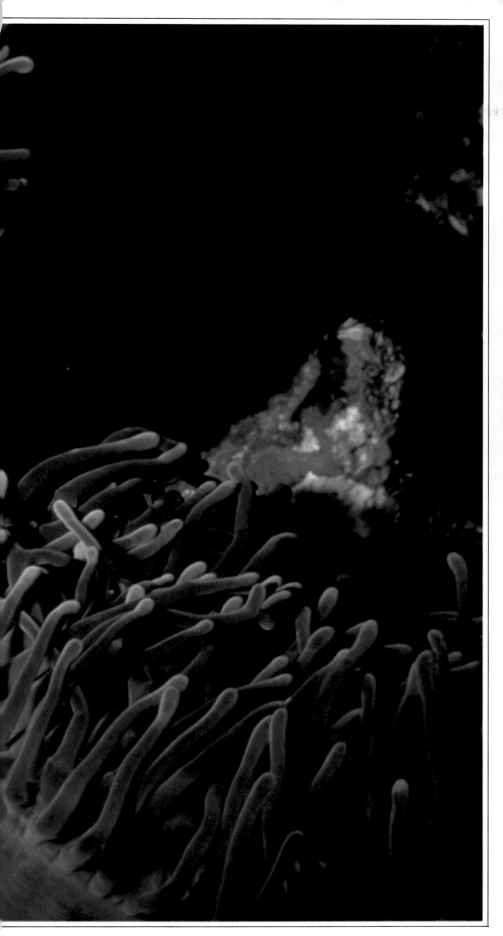

fascination pour les créatures marines, pour tout ce qui vit dans la mer. Il pensait que l'existence de l'homme est soumise, au même titre que celle des animaux, aux lois naturelles de l'instinct et de l'élan vital.

Depuis lors, sur tous les continents, les hommes ont pénétré la mer, l'ont explorée ; progressivement, on a pu établir une large représentation des dessous cachés de notre planète.

De toutes les mers, Cousteau tient la mer Rouge pour la plus belle. C'est d'ailleurs l'avis de tous ceux qui l'ont connue, depuis Henri de Monfreid jusqu'aux plongeurs qui se sont rendus sur les côtes d'Israël, de Jordanie, d'Égypte, du Soudan ou du Yémen. Pourtant, d'autres mers, d'autres côtes soutiennent la comparaison, et celles qui sont les plus proches de nous, l'Atlantique, la Méditerranée, offrent aussi d'admirables paysages sous-marins. Tels ceux qui entourent l'île de Port-Cros, dans l'archipel varois des îles d'Hyères, premier grand « parc national sous-marin » de France.

Visiter la mer

Ceux qui ont fréquenté les abords de la Méditerranée ont remarqué, sur les plages et les rochers, d'épais amas de végétaux de couleur

▲

Proches parentes des coraux, les gorgones se développent à plat, comme une feuille : leur squelette corné, flexible, ramifié à l'extrême, s'étale en gracieux éventail.
Phot. Gladu-Atlas-Photo

brune. Ce sont des posidonies, arrachées aux fonds par les mouvements de la mer. Existant uniquement en Méditerranée, les posidonies ne sont pas des algues, mais des plantes supérieures, formant sous l'eau des herbiers que les Provençaux appellent «mattes». Elles fleurissent périodiquement et produisent des petits fruits qui ressemblent à des olives. Surprenant spectacle que celui de ces prairies sous les eaux, de ces posidonies en fleur dont les courants agitent comme des chevelures les longues feuilles minces.

Quand les feuilles disparaissent, les fruits ont libéré des graines. Celles-ci prendront racine sur le sol marin, où les rhizomes (tiges souterraines) entassés au cours des âges, amalgamés avec de petites algues, des hydraires, du sable, transforment parfois les «mattes» en assez hautes banquettes. Les poissons y trouvent alors un abri, de petits poulpes s'y promènent, et les dorades viennent y chasser.

Comme de vieux troncs d'arbres, les rochers voisins semblent tapissés de mousses. Il s'agit, en réalité, de colonies animales de bryozoaires aux teintes de fleurs des champs — or, orange, vert ou rose —, d'autant plus colorées qu'elles sont mieux éclairées. Là s'épanouit aussi l'anémone de mer, autre forme d'animal-fleur.

Tout cela est visible de la surface, et beaucoup d'écologistes marins se contentent de nager à fleur d'eau, avec tuba et palmes, et d'observer le fond à travers la fenêtre du masque. Sous le nom de «snorkeling» (de *snorkel,* «tube respiratoire»), cette activité connaît une vogue considérable aux États-Unis, où les parcs nationaux pour la protection de la nature sousmarine s'étendent sur des centaines de kilomètres carrés.

Si de tels parcs sont rares en Méditerranée (il n'en existe qu'en France, en Espagne et en Italie, trop limités), on peut néanmoins visiter la mer et découvrir des jardins sous-marins au hasard des littoraux européens et africains, et surtout autour de milliers d'îles, de la Corse aux Baléares, de la Sicile aux archipels yougoslaves et grecs.

De la surface, on distingue parfois les arborescences cuivrées ou argentées des gorgones. Ces éventails vivants appartiennent au vaste groupe des cnidaires, organismes animaux offrant l'apparence de végétaux. C'est seulement de très près qu'il est loisible d'observer leur frémissante délicatesse, la palpitation légère qui les anime, leurs minuscules tentacules.

Au fond, chaque pierre retournée livre un fascinant microcosme. Cette modification du milieu provoque instantanément l'arrivée des poissons, dont l'activité reste, en permanence, axée sur la recherche de la nourriture.

Les grottes sous-marines sont des cavernes d'Ali Baba dont les trésors couvrent le sol, les parois et le plafond dans une fantastique gamme de coloris. Là pousse et fleurit lentement le corail vrai, le rouge, parure traditionnelle des peuples méditerranéens.

Les Sept Merveilles du monde sous-marin

Les peuples de l'Antiquité admiraient les Sept Merveilles du monde, chefs-d'œuvre dus au talent des hommes. S'il fallait désigner, parmi tous les royaumes de la mer, sept chefs-d'œuvre de la nature, le choix — difficile — pourrait se porter sur :

▲

La formidable vitalité des étoiles de mer leur permet de remplacer un bras coupé, et même, chez certaines espèces exotiques, de régénérer un nouvel individu complet à partir du morceau de membre amputé.
Phot. Pignères-Gamma

▶

Les mers chaudes abritent une grande variété d'éponges : ces animaux extrêmement simplifiés, au squelette plus ou moins souple, se nourrissent en filtrant l'eau qui traverse leurs innombrables pores.
Phot. Rives-C.E.D.R.I.

féeries sous-marines

— le sud de la mer Rouge;
— la mer des Caraïbes;
— la Grande Barrière de corail (Australie);
— le lagon de la Nouvelle-Calédonie;
— l'archipel des Tuamotu;
— Pennekamp Riff (Floride);
— la côte de la Californie du Nord et de l'Oregon (Pacifique américain).

Si d'autres grands ensembles écologiques sont également riches en beautés, en surprises et en étrangeté, ce sont ceux-là qui, dans les immensités marines, ont le plus vivement frappé les imaginations, touché les sensibilités et suscité les enthousiasmes.

Ces sept merveilles sont différentes, parce que les eaux n'ont pas toutes la même couleur. Homère voyait juste quand il qualifiait l'onde amère de «vineuse» (violette): elle l'est parfois. Le bleu polynésien du Pacifique, la mer opalescente des Caraïbes, le saphir de la mer Rouge et les verts des rivages de l'Oregon cachent des provinces marines dont chacune a ses parures, ses monstres, ses charmes particuliers. Non seulement la nature rejette l'uniformité, mais elle s'ingénie aussi à modifier sans cesse son visage et ses traits.

▲

8

Repliant leurs longs bras frangés, deux fragiles comatules, moins indépendantes que leurs cousines les étoiles de mer, se sont fixées à demeure sur le tapis de coraux de la Grande Barrière australienne.
Phot. Pignères-Gamma

▲

En cas d'alerte, la délicate corolle qui permet au ver spirographe de respirer et de se nourrir se rétracte instantanément à l'intérieur du tube protecteur dans lequel vit l'animal.
Phot. Rives-C.E.D.R.I.

André Gide se trompait quand il faisait sien le paradoxe de Wilde, « la nature imite l'art ». La créativité de la nature dépasse l'imagination des artistes.

De la grosse barque qui lui servait d'atelier flottant sur la Seine, le peintre Claude Monet observait le fond du fleuve et notait : « De l'eau avec de l'herbe qui ondule dans le fond, c'est admirable à voir. Mais c'est à rendre fou de vouloir peindre ça... » Pauvre Monet, qui se désespérait de ne pouvoir rendre, avec ses pinceaux et sa palette, les mouvements de l'eau, ses jeux avec les plantes aquatiques et les reflets de la lumière ! Qu'aurait-il dit s'il avait eu la révélation de ce que, en son temps, Jules Verne lui-même sous-estimait : les féeries des mers tropicales ?

De nos jours, les explorateurs qui prospectent des fonds marins nouveaux y trouvent des spécimens de la faune et de la flore déjà identifiés, mais, presque toujours, ils y rencontrent aussi des êtres encore inconnus et découvrent des modes de vie, des comportements jusque-là ignorés. Que l'inventaire des océans soit une tâche infinie, on ne saurait s'en étonner, à la lumière de quelques chiffres.

▲

Les savants, qui sont parfois poètes, ont créé le terme « anthozoaire », qui signifie « animal-fleur », pour désigner les somptueuses corbeilles des anémones de mer et les buissons fleuris des madrépores.
Phot. Sester-Pitch

▲

Les madrépores, dont les immenses colonies bâtissent les atolls et les récifs coralliens du Pacifique, cachent une bouche charnue au centre d'une couronne de tentacules.
Phot. Petron-C. E. D. R. I.

▶

Véritable festival de formes et de couleurs, les grottes sous-marines de la mer Rouge offrent un spectacle féerique aux yeux éblouis des plongeurs.
Phot. Y. Lanceau

Parmi les plus récents, retenons ceux enregistrés en Nouvelle-Calédonie, au cours d'une campagne de recherche sur les substances naturelles d'origine marine. Il s'avère, en effet, que certains coraux mous renferment des éléments à activité antitumorale et que les éponges, les vers marins, les mollusques, les étoiles de mer, les holothuries et les algues peuvent avoir une action antibiotique, antivirale, anticancéreuse ou insecticide.

Une barrière de récifs coralliens encercle la Nouvelle-Calédonie. Entre la Grande Terre et ce rempart, le lagon s'étend sur une superficie de 20 000 km². Sa profondeur n'excédant pas 50 m, il est partout facilement accessible, et sa faune marine, spécialement abondante, convient admirablement à la recherche des produits chimiques naturels utiles à la pharmacologie. On a recensé, uniquement parmi les invertébrés, plus de vingt espèces et des milliers de variétés : coraux, actinies, ophiures, bivalves, gastéropodes, crustacés, gorgones, éponges et ravissants nudibranches.

Dans ce même lagon, le docteur Catala avait, bien des années auparavant, capturé par douzaines les magnifiques poissons tropicaux que l'on peut voir à la station de biologie marine de Nouméa. Celle-ci recèle également de fantastiques coraux fluorescents, découverts par le docteur et son équipe en 1957. De ces habitants du lagon rassemblés dans l'aquarium, André Maurois écrivait :

« Imaginez le ballet le plus somptueux que puisse monter l'Opéra, la mise en scène la plus éblouissante que soit capable de produire un grand music-hall guidé par un peintre de génie, et vous resterez à dix mille pieds au-dessous de ce feu d'artifice de couleurs et de formes. »

Un univers surréaliste

Dans les plus beaux fonds sous-marins du monde, le mélange des genres est une constante biologique : partout, des animaux qui ont l'apparence de végétaux ou de minéraux cohabitent avec des espèces végétales qui, de prime abord, semblent être des bêtes inconnues. L'espace

Peu mobile, la rascasse compense son manque d'agilité par un camouflage et une impressionnante armure d'épines venimeuses.
Phot. Rives-C. E. D. R. I.
▼

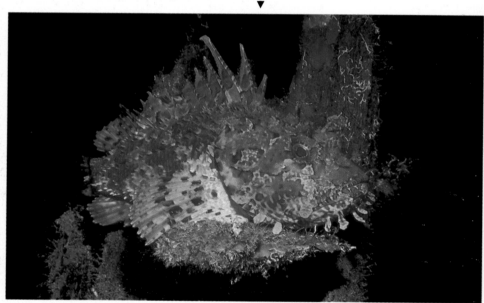

marin devient un monde extraterrestre, une planète magique.

Février 1968. Ludwig Sillner, photographe sous-marin allemand de la plus haute compétence, plonge, par une dizaine de mètres de fond, en mer Rouge israélienne, à proximité d'Elat. Son objectif est le rarissime poisson-crocodile, et il est occupé à explorer les massifs de coraux quand il remarque à peu de distance, du côté du large, sur un fond sablonneux,

◄

Les mérous des mers tropicales portent des livrées beaucoup moins discrètes que ceux qui fréquentent les côtes de la Méditerranée.
Phot. Petron-C. E. D. R. I.

une sorte de plantation de longues tiges qui lui paraît assez insolite.

« À voir plus tard », se dit-il, et il poursuit, le long des récifs, une randonnée sous-marine qui sera vaine. Pas de poisson-crocodile.

Au retour, il cherche du regard sa « plantation ». Disparue. Peut-être s'est-il trompé ? Il inspecte les environs. Rien. Illusion, ou une de ces erreurs de direction fréquentes dans les trois dimensions de l'espace marin ? Il tient pourtant à en avoir le cœur net et, dès le lendemain, revient sur les lieux. La « plantation » s'est matérialisée ! Elle est là. Sillner s'approche et tressaille. Lentement, sous ses yeux, les longues tiges s'enfoncent verticalement dans le sol marin. En quelques instants, comme par magie, elles se sont éclipsées.

Tenace, Sillner revient plus tard à la charge et tente une nouvelle approche, par le large. Il constate alors avec stupéfaction que ces minces formes cylindriques ne sont pas des tiges végétales, mais des créatures serpentiformes, espèces d'anguilles mesurant environ un mètre de long. Il vaudrait mieux dire « de haut », car ces anguilles, qui élisent domicile dans le sol marin, adoptent la position verticale lorsqu'elles sortent de leurs tunnels. Elles se tiennent debout et, comme elles vivent en communautés de centaines, parfois de milliers d'individus, forment d'angoissants rassemblements.

▲

Dans les profondeurs de l'océan Indien, il arrive au filiforme poisson-trompette et au massif et rare poisson-Napoléon de faire mentir le proverbe « qui se ressemble s'assemble ».
Phot. Sester-Pitch

Cette variété d'anguille a reçu le nom de celui qui l'a découverte : *Gorgasia sillneri.*

Beaucoup des secrets, des mystères dont les mers sont prodigues furent percés dans les immensités de la Grande Barrière de corail, le long de la côte orientale de l'Australie. Sur ces fonds déambulent l'horrible synancée, l'acanthaster mangeuse de corail et les mirobolants nudibranches.

Dans les eaux du millier d'îles et d'îlots qui composent la Grande Barrière, on a répertorié plus de 300 sortes de coraux. Beaucoup sont vivants. D'autres, fossilisés, ont constitué un décor fabuleux, peuplé de myriades de poissons multicolores, de coquillages, de gros crabes, de tortues marines.

Dans cette jungle, voici une grosse pierre détachée du récif. Soudain, elle se met à bouger et se métamorphose en une créature repoussante. C'est la synancée, ou poisson-pierre, appelée ainsi car, lorsqu'elle reste immobile, tapie dans l'ombre, elle ressemble à s'y méprendre à un banal bloc de corail mort. En mou-

vement, elle montre toute sa laideur, sa peau verruqueuse, sa nageoire pectorale charnue, étalée comme le pied d'un mollusque, et surtout ses aiguillons, qui, au plus léger contact, éjectent un poison dont les effets sont pires que ceux du venin de cobra. Le poisson-pierre est un tueur expert en camouflage.

Tous les restaurants spécialisés dans les fruits de mer se doivent d'accrocher quelques étoiles de mer à un filet de pêche. La décorative, l'élégante étoile de mer a pourtant une façon particulièrement atroce de faire passer mollusques et crustacés de vie à trépas. Redoutable carnivore, elle se fixe sur ses proies qu'elle perce d'un orifice, puis, expulsant son propre estomac, elle applique celui-ci sur sa victime et la digère vivante.

Parmi les étoiles de mer, la prolifération de la volumineuse acanthaster, hérissée de piquants et terriblement vorace, est devenue un fléau pour la Grande Barrière et de nombreuses îles du Pacifique. Les acanthasters s'attaquent aux coraux, dont elles dévorent la partie

vivante. On les voit, par milliers, posées sur les plus beaux coraux, arc-boutées sur leurs branches, le « dos » arrondi, avec les piquants dressés comme des antennes. Devant ce spectacle, on songe à des envahisseurs à l'œuvre, à des escadrilles d'ovnis venues d'un autre monde.

S'attaqueraient-elles aux coraux de feu ? Combat douteux. Les coraux de feu, dont l'espèce la plus répandue, le millépore, abonde en mer Rouge, forment de magnifiques éventails de nuances, allant du jaune pâle au roux. Ils savent se défendre. À cet effet, ils disposent d'appareils à venin qui réagissent dès qu'on les touche. Plus d'un plongeur en a fait l'expérience et en garde le cuisant souvenir.

Mirobolants nudibranches

Anguilles inquiétantes, poissons tueurs, espèces venimeuses, étoiles de mer assassines... Les plus beaux fonds sous-marins du monde

▲
Dotés d'une cuirasse interne qui rend leur corps complètement rigide, les poissons-coffres qui peuplent les récifs coralliens sont de si piètres nageurs qu'on peut les capturer à la main.
Phot. Moisnard-Explorer

▶
Les nudibranches déposent leurs œufs sous la forme de rubans onduleux, le plus souvent brillamment colorés.
Phot. Petron-C.E.D.R.I.

seraient-ils des royaumes infernaux ? Non, car on y trouve également la féerie, les beautés les plus délicates, des splendeurs incomparables, une réserve inépuisable d'enchantements.

La mer n'est pas jolie.

La mer n'est pas cruelle.

La mer n'équilibre pas ses dons et ses révélations entre le bien et le mal.

La mer est d'une souveraine indifférence.

Source de toute vie, elle recèle toutes les formes de vie, des plus hideuses aux plus séduisantes. On peut méditer sur ce sujet en l'église Saint-Sulpice, à Paris, devant les deux grands bénitiers offerts à François Ier par la République de Venise.

Le bénitier (scientifiquement, «tridacne») est un énorme coquillage parent de l'huître (bivalve). En mer Rouge, sa taille atteint 50 à 60 cm. En Australie, il peut être encore plus gros. Sous l'eau, ses valves entrouvertes laissent apercevoir des lèvres épaisses, d'un vert bleuâtre. Les coralleurs des siècles passés racontaient d'affreuses histoires de plongeurs dont une main ou un pied avaient été saisis par ce piège.

Toujours encroûté de concrétions vermillon ou jaune vif, parfois fleuri des ravissants panaches de toutes petites annélides fixées sur sa coquille, le bénitier semble se plaire sur les fonds les plus luxueusement décorés de l'océan Indien, de la mer Rouge et de la Micronésie. Dans ces mêmes eaux vivent les précieux nudibranches, peu connus, rarement décrits, qui sont des mollusques sans coquille. Auprès du massif bénitier, ils ont l'air de bijoux tombés d'un coffre-fort, tant les ornements et les couleurs qui compensent leur petite taille sont d'une extravagante richesse.

On pourrait dire sommairement que ces animaux marins s'apparentent aux limaces, mais ils en sont aussi différents que l'orchidée l'est du poireau. Bien que la taille de certains d'entre eux soit très réduite, on ne saurait les dépeindre

en parlant de leurs couleurs, ce serait trop simple, mais plutôt de leurs parures, de leurs habits, de leurs déguisements inouïs.

L'observateur attentif peut découvrir des nudibranches dans les grottes, sur les récifs immergés, les tombants (parois sous-marines rocheuses). En Méditerranée, on rencontre parfois, rampant sur les herbiers qu'il broute, le surprenant lièvre de mer, ou aplysie. «Lièvre» parce que sa tête porte deux tentacules verticaux, en forme de cuillers, qui évoquent de longues oreilles. Les naturalistes ont longtemps

contesté toute capacité de nageur à ce nudibranche, jusqu'au jour où il fut filmé en plein... vol. «Pareil, rapporta le cinéaste Marcel Sester, à une chauve-souris de la mer.»

Dans les mers tropicales (Nouvelle-Calédonie, Polynésie) vivent les plus extraordinaires représentants du groupe, entre autres l'*Hexabranchus imperialis,* qui mérite bien son prestigieux qualificatif latin ; son nom commun de «châle espagnol» est néanmoins plus explicite, car l'animal, dans sa robe cramoisie, se livre à de véritables danses d'une grâce prodigieuse.

On a découvert qu'une autre famille de nudibranches, celle des éolides, présente une étrange particularité. Ces mollusques se nourrissent surtout d'anémones de mer, qui sont fort bien pourvues en cellules urticantes. Les éolides absorbent ces cellules, qui transitent à travers la paroi de leur estomac pour aller se fixer sur leur dos, où elles reprennent aussitôt la fonction défensive qu'elles remplissaient chez l'anémone de mer !

La palme de l'étrangeté pourrait être décernée à un nudibranche de haute mer, le glaucus. Comme ses congénères, il rampe plus qu'il ne nage, mais pas sur les fonds : sous la surface de l'eau ! Très petit, il déploie, comme une cape en lambeaux, des appendices charnus qui lui donnent l'allure d'un Fantomas miniature. Le ventre en l'air, il adhère à la surface par un effet de capilarité. Comme son ventre est d'un bleu vif, les oiseaux de mer ne le voient pas, et son dos blanc lui permet d'échapper aux prédateurs qui vivent au-dessous de lui. Jamais vu, jamais pris, c'est vraiment Fantomas !

▲

Sortes de limaces marines respirant à l'aide de branchies externes, les nudibranches sont infiniment plus décoratifs que leurs homologues terrestres.
Phot. Sester-Pitch

Les seigneurs des eaux profondes

Si l'on veut se faire une idée de ce que peut être une incursion sur les plus beaux fonds sous-marins du monde, il ne faut pas perdre de vue que ces présences affichées ou cachées, provocantes ou *a priori* insoupçonnables, que ces structures baroques, ces arbres de coraux, ces créatures colorées multiformes, ces manifestations souvent extraordinaires de la vie se superposent, se mêlent dans l'espace liquide, dont les bleus et les verts estompés font penser à l'ambiance mystérieuse des sous-bois de Brocéliande. Il faut se rappeler que la mer est agitée en profondeur par les courants et les marées, et qu'elle secoue les posidonies, les rameaux des gorgones, les lis de mer et les polypes comme le vent, sur la terre, fait frémir la ramure des arbres.

Et, parfois, les seigneurs des eaux profondes font leur apparition. Comme les dinosaures du crétacé sortaient des marécages, les grandes espèces marines — dont certaines sont plus vieilles, de millions d'années, que les dinosaures, mais elles ont su survivre — surgissent : le mérou massif, les tortues géantes, les pieuvres noueuses, l'orque, les requins...

Venus du « bleu » insondable, de l'antre obscur, ils règnent sans passion, dominent sans vaines démonstrations, mais le menu fretin, en dehors de quelques négligeables préposés à la décoration, a aussitôt disparu.

Mérou, requin, barracuda, peu importe : le gros poisson exerce, par sa seule présence silencieuse, un pouvoir stupéfiant. On ne peut pas le quitter des yeux. Il trouble, frappe l'imagination, rend brusquement l'homme conscient de n'être, sous la mer, qu'un visiteur maladroit.

Dans les îles soudanaises du sud de la mer Rouge, nous filmions un crabe. Cet animal a toujours une personnalité très marquée, qui ravissait John Steinbeck. « Les crabes, notait-il, contraints d'une façon ou d'une autre, ont des accès de fureur, pincent absolument n'importe quoi, se pincent les uns les autres et vont jusqu'à se pincer eux-mêmes. »

Notre crabe était solitaire. Il vaquait à de secrètes affaires, pour lesquelles il s'était déguisé en petit soldat en manœuvre : casqué de

Probablement due à son aspect qui évoque un serpent, la réputation de férocité des murènes, qui remonte à la Rome antique, semble très surfaite.
Phot. Pignères-Gamma
▼

verdure, camouflé dans un but sans doute blâmable, il perquisitionnait dans de petites anfractuosités. Nous n'avions d'yeux que pour ses micmacs. Il venait de dégringoler d'un grand entablement rocheux quand nous restâmes pétrifiés.

Une chose était là, sous l'auvent de pierre, une chose énorme, ventrue, soudain matérialisée comme par sortilège. C'était une loche, espèce tropicale du mérou, qui semblait capable

◄
Pour intimider ses adversaires, la seiche brandit ses tentacules, ce qui la fait ressembler à un diable cornu ; si cela ne suffit pas, elle crache un abondant liquide noir.
Phot. Y. Lanceau

de gober un homme. Dans ces circonstances, la mémoire ne fixe qu'un instantané, la notion de temps cesse d'exister, les secondes durent une éternité. Plus tard, on revoit la scène, on en rêve la nuit.

Les grandes nageoires pectorales de la loche bougèrent à peine lorsque sa masse se fondit dans l'ombre de la caverne. Nous fîmes surface. À bord du bateau, les pêcheurs noirs déclarèrent : «C'est le démon bossu, il faut

partir.» La couleur suave de la mer nous parut, en retirant le masque, d'un bleu féroce.

La forêt des kelps

Battues par les vents sur des milliers de kilomètres, les vagues du Pacifique se brisent sur les côtes de la Californie, de l'Oregon, de

▲

Les requins ne sont pas tous dangereux pour l'homme, mais ils le sont toujours pour les poissons, et leur menaçante présence disperse en un clin d'œil la faune bariolée des récifs.
Phot. Gladu-Atlas-Photo

l'Alaska. Écumantes et tourmentées, ces eaux à dominante verte — on appelle parfois ce littoral «les Côtes d'Émeraude» — cachent des fonds sans pareils, totalement différents de ceux des mers tropicales. Leur beauté est due aux kelps, immenses étendues d'algues géantes du groupe des laminaires. La plus connue de ces algues est la *Macrocystis pyrifera*, qui peut mesurer jusqu'à 100 m en s'allongeant d'un demi-mètre par jour.

À vingt ou trente mètres de profondeur, accrochés au sol sous-marin par des centaines de racines semblables à des doigts griffus, les kelps élèvent leurs tiges vers le haut, en développant, à la base de chaque feuille, de petits sacs flotteurs qui soutiennent les rameaux. Quand elles atteignent la surface, les algues poursuivent leur croissance pour former un véritable toit au-dessus de la mer.

Ainsi s'étendent, sur le littoral, de véritables forêts sous-marines, avec les fûts et les colonnes des troncs, le fouillis des branches, les frondaisons d'où filtre une lumière glauque. Elles sont peuplées d'une faune fantastique : plus de mille espèces y trouvent refuge, abri, nourriture, protection. L'impression d'explorer une jungle pleine de couleurs éclatantes s'accentue lorsque, par endroits, se multiplient les taches vives des nudibranches, les amas d'étoiles de mer monstrueuses, multibranches, vertes, violettes, rouges, dorées, les anémones démesurées, les polypes semblables à des champignons atteints de gigantisme.

Entre les massifs de racines, c'est un grouillement de vie : homards, raies, poulpes que guettent les anguilles, poissons plats, araignées de mer, abalones (ormeaux). La vedette des forêts de kelps est le garibaldi, un poisson vif et batailleur qui paraît fait de céramique orange. Plus au nord, en eaux plus froides, apparaissent les phoques et les charmantes loutres de mer, qui plongent dans les kelps avec une adresse admirable.

Le réseau des algues géantes est aussi un piège. D'énormes méduses, dont la calotte a la taille d'un parapluie ouvert et qui traînent leur long corps gélatineux, sont capturées par les kelps comme au lasso.

C'est dans ce décor qu'une équipe de chercheurs américains virent nager vers eux un phoque qui, à leur grande surprise, leur présenta son dos. Un hameçon y était planté, et l'animal avait un deuxième hameçon dans la bouche. Les plongeurs réussirent à les retirer délicatement et baptisèrent leur patiente (c'était une dame phoque) « Hameçon ». À chacune de leurs plongées, ils la voyaient réapparaître, comme pour leur faire fête. Reconnaissante et confiante, elle s'amusait dans les bulles d'air des scaphandres et ne quittait pas l'équipe sans avoir reçu une caresse amicale.

Revenus sur les lieux plusieurs mois plus tard, en automne, les chercheurs attendirent vainement la visite d'« Hameçon ». Ce fut seulement le cinquième jour qu'elle se montra derrière un rideau d'algues. Elle sembla faire un signe, puis disparut quelques instants pour revenir avec son petit. Madame phoque était mère, et elle exécuta, avec le nouveau-né, un vrai ballet aquatique sous les frondaisons de la forêt marine, pour témoigner sa joie à ceux qui l'avaient soignée.

Entre poissons tueurs, démons bossus, ogres et dragons des profondeurs, les contes de fée ont aussi leur place dans les océans, « où il est, écrivait Paul Valéry, des merveilles toutes réelles et presque sensibles, dont l'imagination est confondue » ∎   Jean-Albert FOËX

◀ *Au nord de l'Amérique, le long de la côte du Pacifique, des algues géantes forment de véritables forêts sous-marines, les kelps.*
Phot. Gladu-Atlas-Photo

▲ *Les multiples espèces de méduses qui fréquentent toutes les mers du monde sont des animaux très voisins des polypes dont les colonies édifient les coraux, mais elles mènent une existence indépendante et mobile.*
Phot. Meusy-Pitch

▶ *Le décor naturel de la mer des Caraïbes, qui semble composé avec la méticulosité d'un précieux jardin de rocaille, doit être favorable aux rêveries d'un promeneur solitaire.*
Phot. Moisnard-Explorer

des jardins paradis

Un jardin est une œuvre d'art. Cette création fragile, changeant selon les saisons, se transformant au fil des années, constitue peut-être, pour celui qui l'imagine et l'ordonne, le pari le plus ambitieux et la manifestation d'orgueil la plus achevée. Car on peut bâtir des cathédrales, élever des palais, édifier des villes entières : la pierre, le bois ou le métal mis au service de l'architecture peuvent braver éternellement — ou presque — l'écoulement des siècles. Même les cités enfouies dans les déserts mésopotamiens et égyptiens reviennent peu à peu au jour. Le jardin, hélas ! ne subsiste dans sa forme première que jusqu'à la mort — deux siècles, trois au plus — des végétaux qui le composent. (Quelques arbres font toutefois exception : chênes, cèdres et surtout séquoias, dont certains sont millénaires.) Encore heureux si ses occupants successifs l'entretiennent et

le préservent d'une destruction définitive, car la croissance permanente et démesurée de la nature ne connaît pas de bornes.

Il arrive aussi, et c'est peut-être pire, que les différents propriétaires transforment le jardin, souvent profondément, au gré de leur fantaisie ou des caprices de la mode ; ce genre d'agression, malheureusement trop fréquent, altère évidemment moins les temples, les palais et les cathédrales... De plus, il suffit d'un été trop sec, d'un hiver trop froid ou d'une maladie dévastatrice, comme celle qui vient de décimer les ormes d'Europe, pour réduire à néant deux siècles de soins attentifs et blesser à mort le plus beau jardin du monde.

Claude Mollet, jardinier célèbre sous le règne d'Henri IV, avait fait aux Tuileries de splendides plantations de cyprès : le terrible hiver de 1608 ayant détruit tous les arbres, il dut

les remplacer par des buis et des ifs. C'est ce combat incessant, dicté par le souci de contraindre, de posséder, de dominer, d'asservir la nature, qui a fait naître l'art des jardins.

L'homme règne sur la nature

Depuis que l'homme, abandonnant, au moins partiellement, une économie de chasse et de cueillette pour devenir sédentaire et agriculteur, a découvert que la nature pouvait se plier à sa volonté, il n'a cessé de vouloir imprimer sa marque sur le monde mystérieux des végétaux. Techniques de culture, organisation du jardin, amélioration des sols, hybridations, introduction de plantes exotiques : chaque époque a été témoin d'un progrès insensible, mais constant.

▲
Val de Loire : d'inspiration médiévale, les bordures de buis du « jardin d'amour » de Villandry ont été reconstituées avec un soin jaloux.
Phot. Tétrel-Fotogram

Pendant des siècles, les jardins furent surtout utilitaires. Puis les princes les plus riches et les plus puissants, pour affirmer leur pouvoir sur ce qui apparaissait comme le domaine exclusif de la divinité, créèrent de somptueux ensembles. Des fameux jardins suspendus de Babylone, édifiés quelque sept cents ans av. J.-C., il ne subsiste que les fondations de maçonnerie. Il faut recourir aux peintures des tombeaux égyptiens pour avoir quelques notions des réalisations antiques, notamment depuis le XVe siècle av. J.-C., sous Aménophis II.

L'Asie Mineure, la Grèce et Rome apportèrent une immense contribution à la science et à l'art des jardins, mais toujours, ou presque, à l'initiative d'un seul homme, désireux de donner une image vivante de sa puissance. Comment songer à s'opposer à celui qui faisait régner l'ordre — son ordre souverain ! — sur la nature elle-même, cette nature qui dispensait généreusement, dans son foisonnement végétal, l'alimentation, la médecine, la magie, les drogues mortelles, l'incomparable et ineffable beauté des arbres et des fleurs dans leur éternelle renaissance, en un mot tout ce qui fait la vie et la mort ?

De tous les jardins qui entouraient les monuments que nous a légués l'Antiquité, aucun n'a subsisté. Seuls demeurent les tracés des jardinets clos qui faisaient l'agrément des maisons de Pompéi. Le Moyen Âge européen, en revanche, nous est bien connu, car, sur ce sujet, l'iconographie est très riche. Cette époque vit surtout fleurir les jardins de monastères, principalement consacrés à la culture des plantes médicinales et potagères. Ces jardins, de dimensions modestes, n'étaient, en fait, malgré leurs plantes à fleurs destinées à l'embellissement des cérémonies religieuses, que des jardins utilitaires. Du XIe au XIVe siècle, les expéditions vers l'Orient, et notamment les croisades, introduisirent le goût du jardin d'agrément, souvent fastueux, où l'eau joue toujours un rôle important. Quels que soient les motifs religieux ou profanes qui inspirent son ordonnance, il constitue toujours un essai de représentation et de matérialisation des splendeurs du paradis (du grec *paradeisos*, jardin).

Vers 1370, on pouvait admirer à Paris, sur une surface de 10 ha, un splendide jardin créé par Charles V à l'hôtel Saint-Paul, près de l'actuelle place de la Bastille. Gazons, fleurs, arbres fruitiers rares, potager remarquable et vignes — alors très nombreuses à Paris ! — s'y déployaient, parsemés de statues et de pavillons.

Pendant cinq siècles, de 1068 à 1553, époque de sa destruction par Charles Quint, toute l'Europe vint à Hesdin, dans le nord de la France, visiter un parc de 900 ha, peuplé de bêtes sauvages, agrémenté de jardins somptueux, d'une « ménagerie » — dont la présence sera très fréquente dans les jardins jusqu'au Versailles de Louis XIV — et surtout d'une « galerie aux joyeusetés », animée par des automates actionnés par d'ingénieux circuits hydrauliques (cette mode, venue d'Italie, durera plusieurs siècles).

Les jardins d'Orient

À la même époque, au sud du bassin méditerranéen, les jardins paradis atteignaient à une incomparable splendeur. On doit sans doute à l'Islam la plupart des inventions qui, par l'Espagne, l'Italie ou les récits de voyageurs retour de Terre sainte, enrichirent l'art des jardins jusqu'au XVIIIe siècle. Dans ces régions où chaleur et sécheresse posent de sérieux problèmes à l'épanouissement des cultures, on donna aux arbres, aux arbustes et, en général, aux plantes à feuillage persistant une place essentielle. Les massifs étaient souvent ornés de « broderies », composées de plantes basses méticuleusement taillées, reproduisant parfois des mots ou des phrases tirés du Coran. Ces

▲
Souvenir de la conquête de l'Espagne par les Maures, l'Alhambra de Grenade offre des exemples typiques de la façon dont les Arabes concevaient l'art des jardins.
Phot. Tétrel-Fotogram

▶
L'influence persane, que nous ont révélée bien des miniatures, se retrouve dans les terrasses fleuries dont les Moghols entourèrent le lac Dal de Srinagar, capitale du Cachemire. (Nishat Bagh, « jardin de la Gaîté ».)
Phot. S. Held

des jardins paradis

broderies, cette calligraphie végétale, ces « arabesques » sont sans doute les ancêtres de nos jardins de buis médiévaux et des prestigieuses compositions du Grand Siècle. De même, de nombreux éléments architecturaux — portiques, statues de pierre ou de bronze — ont précédé de cinq siècles ceux de Hesdin, en France, puis de Hampton Court, près de Londres, plus tard de la Granja, près de Madrid, et de cent autres jardins d'Europe, depuis le Moyen Âge jusqu'à la Renaissance.

Paons, oiseaux de volière et canards multicolores animaient les jardins musulmans, où l'eau — rare et coûteuse, symbole d'abondance, miroir vivant du ciel et des nuages, dispensée à profusion dans les vasques et les fontaines — jouait un rôle prépondérant. Dans ces jardins de pierre et d'eau, d'ombre et de lumière, de patios aux bois précieux et aux faïences délicates, rythmés par les cyprès et les orangers, les plantes à fleurs étaient, sinon bannies, du moins reléguées à une place modeste.

Le Generalife de Grenade, dont la présentation actuelle, en dépit de nombreux aménagements au cours des siècles, reflète sans doute assez fidèlement le décor floral du XIVᵉ siècle, offre un parfait résumé de ces oasis de fraîcheur créées dans un pays brûlant. Les tapis d'Orient — et même les copies fabriquées industriellement de nos jours ! — renseignent,

pour peu qu'on les regarde attentivement, sur les modes de culture, où les massifs géométriques et symétriques en pleine terre étaient bordés, soulignés, ourlés de pots, de bacs, de caisses où s'épanouissaient roses et jasmins. Cette « maison de campagne » des sultans de Grenade, toute proche du palais de l'Alhambra, où s'enchevêtrent patios, allées d'eau, recoins d'ombre utilisables selon la saison ou l'heure du jour, où l'eau murmure et chantonne, incite à la rêverie et au mystère. Le caractère secret de ces jardins raffinés s'explique évidemment par certaines exigences de l'islam, surtout en ce qui concerne le relatif isolement où l'on devait tenir épouses et concubines.

Des témoins vivants du Moyen Âge

Durant cinq siècles, le Moyen Âge chrétien, en proie aux convulsions et aux révoltes, où la civilisation se réfugiait souvent dans les monastères, ne prêta, en dehors de quelques exceptions déjà citées, qu'une attention distraite à l'art des jardins. Enfermés dans des forteresses, réduits à quelques « banquettes » et « préaux » (petits prés) ornés de fleurs, de treilles et de berceaux, que nous montrent peintures et enluminures, les jardins sont le plus souvent minuscules et réservés à quelques privilégiés. Il en va de même pour les jardins « bourgeois », implantés dans les agglomérations urbaines où l'espace est également mesuré.

Il faut attendre l'aube du XVIᵉ siècle pour que, peu à peu, les châteaux forts s'ouvrent sur la campagne... ou disparaissent. La paix revenue est génératrice de richesses et de raffinement : de vastes domaines se créent, destinés à la joie des yeux et aux fastes d'une vie mondaine.

En Europe, deux jardins peuvent être considérés comme des reflets fidèles de la pensée médiévale et de la Renaissance : Hampton Court, près de Londres, et Villandry, aux environs de Tours.

Situé sur les rives de la Tamise, le parc du palais de Hampton Court avait été réalisé sur les ordres du très riche cardinal Wolsey, vers 1520. Sa conception était encore très voisine de celle des jardins du siècle précédent, avec des préaux, des murs de séparation, de petits jardins clos, des treilles et des berceaux comme ceux que l'on peut voir sur de nombreuses gravures. Tombé en disgrâce, Wolsey fut dépouillé de Hampton Court par le roi Henri VIII, qui se l'appropria sans plus de façon et, malheureusement, apporta de multiples modifications au château et au parc. On planta notamment des ifs et des buis, taillés dans le goût italien, et l'on bâtit des fabriques (petits édifices pittoresques) et diverses constructions décoratives.

Près de cinq siècles se sont écoulés depuis cette époque, mais ce jardin, qui existe toujours, présente encore des éléments très intéressants, particulièrement la partie dénommée

« jardin d'Ann Boleyn ». Remarquablement préservé au cours des siècles, Hampton Court est donc un témoignage irremplaçable de ce que furent les jardins médiévaux, du moins dans ses parcelles les plus anciennes, tels le célèbre verger et le « jardin privé », avec ses plantes aromatiques associées à de nombreuses fleurs.

En France, les merveilleux jardins de Villandry mériteraient d'être mieux connus. Recréés au début du siècle par le Dʳ Joachim Carvallo, qui y consacra une bonne partie de sa fortune, ils ont été tracés d'après les gravures publiées vers 1575 par Jacques Androuet Du Cerceau, un illustre architecte français qui avait fait le voyage d'Italie, et ils forment un admirable ensemble.

Sur les ruines d'un donjon féodal du XIᵉ siècle, Jean Le Breton, secrétaire d'État aux Finances de François Iᵉʳ, fit construire un beau château entouré de jardins, que le roi vint visiter en 1536. Le tout constituait un hommage à la Renaissance et à l'Italie. C'était à la fois, selon un commentateur, « le triomphe du classicisme et de l'antique sur les données architecturales du Moyen Âge ». Jean Le Breton ne pouvait d'ailleurs faire moins — orgueil oblige ! — que Thomas Bohier, receveur général des Finances, qui venait de faire construire

Chenonceau (1515), ou que Gilles Berthelot, trésorier du roi, qui avait achevé, en 1527, l'aménagement d'Azay-le-Rideau.

Et puis, au fil des siècles, la propriété s'altéra, se dégrada. Si le château de Jean Le Breton résista à l'épreuve du temps, les jardins, en 1907, étaient transformés en parc à l'anglaise, avec allées serpentines, massifs géométriques et statues dans le goût de la Belle Époque! Le Dʳ Carvallo rendit au domaine son ordonnance primitive. Si les jardins ne sont pas, aujourd'hui, exactement ceux qu'admira François Iᵉʳ, il n'en reste pas moins certain que cette «re-création» restitue, avec un maximum de fidélité, un jardin type de cette période de profonde évolution.

Disposé sur trois niveaux de terrasses, l'ensemble peut être appréhendé dans sa totalité depuis les allées dominantes, ou, au contraire, se révéler peu à peu depuis son niveau le plus bas. C'est là que se déploient les cultures multicolores du célèbre potager. Au même niveau, limité par des haies basses, ponctué d'ifs taillés dans le goût italien, voici le «jardin de fleurs». Au-dessus, près du château, le «jardin d'amour» développe ses broderies de buis et, à l'étage supérieur, le «jardin d'eau» déploie son magnifique bassin. De longues allées, bordées de tilleuls, emprisonnent encore, mais d'un corset léger, cette réalisation parfaite, tandis que les deux mille pommiers de la couronne fruitière dominent ce qui constitue l'un des plus beaux jardins du monde.

Une époque de transition

Aux frontières du XVᵉ et du XVIᵉ siècle, deux tendances se confondaient fréquemment. Le jardin médiéval, souvent enserré entre les murs d'une fortification féodale, était certes consacré au repos et au loisir, avec ses préaux, ses «pourpris» (enclos) secrets, mais aussi à l'équilibre de l'économie domestique, grâce à ses cultures potagères et fruitières. Arbres et légumes étaient souvent disposés de façon décorative, avec un rigoureux souci de symétrie. Toutefois, dans les domaines importants, abritant une population nombreuse, une séparation s'établissait naturellement entre le jardin d'agrément et les cultures strictement alimentaires, exigeant de grands espaces et rejetées à l'extérieur.

L'affermissement de l'autorité royale et une sécurité relative, gagnant chaque jour un peu plus de région en région, malgré les troubles

religieux de la fin du XVIᵉ siècle, incitèrent citadelles et châteaux à s'ouvrir sur l'extérieur. On observe d'ailleurs le même processus dans beaucoup de pays d'Europe. La dimension des jardins s'accroît, leur destination se modifie, et le pouvoir politique encourage cette reconversion des places fortifiées en résidences civiles. En 1628, Richelieu ordonnera la destruction des citadelles et leur remplacement par des «maisons de plaisance», mais la mutation était amorcée depuis près d'un siècle. Le cardinal donnera lui-même l'exemple avec le magnifique parc de son palais de Richelieu, près de Chinon: «Les hommes de guerre ont quitté leur armure; ce sont des hommes de cour et de salon.»

Dès le début du XVIᵉ siècle, les guerres d'Italie apportèrent la révélation d'une civilisation en définitive assez mal connue, d'un art de vivre qui éclate à travers les arts, l'architecture et les jardins. Jean Le Breton n'avait pas oublié, à Villandry, qu'il avait été ambassadeur en Italie. De son côté, François Iᵉʳ matérialisa ses souvenirs transalpins en créant, vers 1528,

▲
Le tracé géométrique de Knot Garden, le «jardin privé» de Hampton Court, aux environs de Londres, est caractéristique de l'époque élisabéthaine.
Phot. A. Hutchison Lby

▲
Unique en France, le célèbre potager de Villandry montre que les jardiniers du XVIᵉ siècle savaient marier fleurs et légumes avec un art consommé.
Phot. Mazin-Top

▶
Italie: résidence d'été des évêques de Viterbe, la villa Lante accueille ses visiteurs par un jardin de réception qui n'a guère changé depuis l'époque où il faisait l'admiration de Montaigne.
Phot. F. Huguier

les premiers jardins du palais royal de Fontainebleau, où les aménagements, poursuivis pendant un siècle, comprennent la création des parterres d'eau baptisés « le Tibre » et « le Romulus », noms particulièrement évocateurs des tendances de l'époque. L'eau des douves, protection militaire, se transforme partout en canaux et bassins décoratifs. Les longues allées d'eau qui vont fleurir, un siècle plus tard, dans les jardins « à la française », sont, à travers le Canope (bassin alimenté par une cascade) de la villa d'Hadrien, un indiscutable héritage de la Rome impériale. Mais cette évolution ne peut être rapide : s'il est facile de bâtir une grotte artificielle ou de creuser un bassin, la croissance des végétaux se prête mal aux bouleversements révolutionnaires.

L'influence italienne

Au début du XVIᵉ siècle, beaucoup d'artistes et d'artisans italiens s'expatrient vers la France, l'Angleterre, les Pays-Bas. Les plus nombreux sont peintres, sculpteurs, architectes, jardiniers ou fontainiers. Si l'on cite volontiers le nom de Léonard de Vinci, on évoque moins souvent ceux du Primatice et du Rosso, qui décorèrent Fontainebleau, et plus rarement encore celui de Pacello, le jardinier qui dota Amboise d'un jardin d'ornement et, dès 1510, dessina les somptueux jardins de Blois. En 1496, déjà, Charles VIII, retour de Naples, écrivait : « Vous ne pourriez croire les beaux jardins que j'ai vus en cette ville, car, sur ma foi, il semble qu'il n'y faille qu'Adam et Ève pour en faire un paradis terrestre, tant ils sont beaux et pleins de toutes bonnes et singulières choses. »

Pour les artistes français (jusqu'aux hôtes contemporains de la villa Médicis), le voyage en Italie sera désormais une quasi-obligation. De Jacques Androuet Du Cerceau à Corot, en passant par Claude Lorrain, Le Nôtre et La Quintinie, la liste est longue... La vogue et la forme des jardins ne pouvaient échapper à cette influence, elle-même souvent héritière des traditions artistiques et horticoles de l'Empire romain. L'art topiaire, par exemple, qui consiste à tailler les arbres (surtout les buis et les ifs) de cent façons diverses et souvent extravagantes, largement pratiqué en Italie, était directement hérité de Rome. On sait la fortune qu'il connut en France et en Angleterre jusqu'au XVIIIᵉ siècle.

De nos jours, l'Italie est encore très riche en jardins de toute beauté, dus, certes, au goût de la Renaissance, mais aussi à l'esprit de compétition qui fleurissait alors entre seigneurs également riches, également puissants, également jaloux de leur gloire et sacrifiant tout à celle-ci. Orgueil, sans doute, mais placé sous le signe de l'intelligence et du raffinement.

Un peu oubliée, mais toujours remarquable, la villa Lante, près de Viterbe, est restée telle qu'un voyageur la décrivait en 1581 : « C'est un endroit appartenant au cardinal Gambara, et qui est fort orné et surtout si bien pourvu de fontaines qu'en cette partie il paraît non seulement égaler, mais surpasser même Pratolino et Tivoli [...] Thomas de Sienne, qui a conduit l'ouvrage de Tivoli, conduit encore celui-ci, qui

▶

Les visiteurs des jardins de la Renaissance faisaient grand cas des jeux d'eau, et ceux de la villa d'Este, à Tivoli, près de Rome, sont les plus somptueux de toute l'Italie.
Phot. Tétrel-Fotogram

Double page suivante :
Joyau du lac Majeur, dans le nord de l'Italie, Isola Bella étage, sur un espace réduit, la merveilleuse collection de plantes rares réunie par les comtes Borromée.
Phot. Koch-Rapho

▲

Un grand bassin, enfermant une île artificielle au centre de laquelle le sculpteur Jean de Bologne a édifié une belle fontaine de l'Océan, orne le jardin de Boboli, à Florence.
Phot. Reichel-Top

des jardins paradis

décrit par Montaigne, mais aussi un parc laissé dans une présentation «naturelle», offrant ici et là loggias et terrasses, dissimulant un «jardin secret» réservé à la culture des fleurs et refuge privé du maître de maison, magnifie essentiellement un élément vivant, changeant, bruissant : l'eau. Elle règne partout, sans excès ni débauche, mais canalisée, dirigée, maîtrisée. La situation de Viterbe, ville chaude une grande partie de l'année, explique le choix de cette maison de campagne dans les collines, où des sources abondantes permettaient de créer un jardin de fraîcheur. Il fallut d'ailleurs construire un aqueduc pour alimenter généreusement les multiples fontaines, escaliers d'eau et jeux aquatiques. L'eau devenait ainsi, au même titre que les arbres et les plantes décoratives, un élément essentiel du jardin.

Somptueuse démesure

À la villa d'Este de Tivoli, construite vers 1550 pour Hippolyte d'Este, l'eau prend, au contraire, le pas sur le décor végétal. Tout y est boursouflé, gigantesque, démesuré, impossible à appréhender d'un seul regard. Pas question d'y rêver ou d'y philosopher. Devant cette toute récente richesse largement étalée, on imagine plutôt des intrigues, des trafics, des complots, reflets d'une société brillante, mais passablement dissolue. L'époque des Borgia venait de s'achever, et Alphonse d'Este, l'oncle d'Hippolyte, désespérant de se faire aimer d'Angela Borgia, n'avait pas craint de faire arracher les yeux de l'amant de la belle, bien que celui-ci fût son propre frère naturel... Tivoli, avec ses splendeurs provocantes, teintées de ce que nous appellerions aujourd'hui un goût de parvenu, reste cependant un monument remarquable dans l'histoire des jardins, mais infiniment moins noble que la villa Lante et bien moins raffiné qu'Isola Bella, ce «vaisseau à plusieurs ponts couverts de fleurs».

C'est vers la même époque que furent dessinés les jardins de Boboli, à Florence, dans lesquels se dresse, au centre d'une île aménagée dans un vaste bassin, un merveilleux décor sculpté par Jean de Bologne. L'architecture — longues allées, terrasses, fabriques et décors de pierre — est omniprésente, les jardins monumentaux du XVIe siècle ayant toujours, en Italie, la rigueur d'une épure.

En 1600, Isola Bella, sur le lac Majeur, était un roc dénudé. Vers 1650, sous l'impulsion du comte Vitaliano Borromeo, cet îlot où s'échelonnent dix terrasses, inspirées, dit-on, des jardins suspendus de Babylone, commença à devenir un paradis. Avec ses grottes, ses couloirs, son théâtre d'eau orné de coquillages, ses escaliers, ses balcons et ses statues tendues vers le ciel, Isola Bella est la manifestation la plus parfaite, la plus subtile et la plus délirante de l'art baroque. Ce fut, en fait, le bouquet d'adieu de l'Italie en matière d'architecture jardinière, mais quelle extravagante conclusion ! L'îlot est trop petit ? Qu'à cela ne tienne ! On le prolonge en enfonçant de longs pieux dans le lac. La terre arable manque ? Aucune importance ! On en fait apporter, à dos d'homme, autant qu'il en faut. L'essentiel, pour la riche famille Borromée, était d'offrir au monde un chef-d'œuvre.

Dans cet univers à la fois aquatique et aérien, les nuages glissent, l'air circule. À l'horizon, les montagnes, tour à tour vertes et encapuchonnées de neige, forment une majestueuse toile de fond. Isola Bella, par son organisation imposée par le relief, par son exposition abritée, par la nature de ses plantations — limitées par l'espace, mais d'une grande diversité — fut, dès l'origine, un conservatoire d'espèces. Les voyageurs venant d'Orient ou du Nouveau Monde

▶

La licorne qui se cabre au sommet du théâtre d'eau d'Isola Bella est l'emblème de la famille Borromée, propriétaire de l'île.
Phot. F. Huguier

n'est pas achevé [...] Il a mis dans cette dernière construction beaucoup plus d'art, de beauté et d'agrément. Autour de la pyramide sont quatre petits lacs, beaux, clairs, purs et remplis d'eau. Au milieu de chacun est une gondole de pierre, montée par deux arquebusiers. On se promène autour de ces lacs et de la pyramide par de très belles allées, où l'on trouve des appuis de pierre d'un fort beau travail [...] Autant que je puis m'y connaître, cet endroit l'emporte certainement de beaucoup sur bien d'autres par l'usage et l'emploi des eaux...»

Tel Montaigne (car c'est lui l'auteur de ce reportage précis) vit ce jardin, tel il nous est resté. Seule la pyramide a disparu, remplacée par une très belle fontaine de Taddeo Lantini. Le cardinal Gambara avait consacré une grande partie de ses biens — et un peu de ceux de l'Église ! — à l'amélioration de la modeste maison d'été des évêques de Viterbe. Les dépenses parurent probablement excessives, puisque le cardinal Charles Borromée, «inspecteur financier» du Saint-Siège, interrompit un moment les travaux du jardin...

La villa Lante peut être considérée comme la propriété d'un provincial, cultivé, homme de goût et humaniste. Et riche aussi, évidemment ! Le domaine, de proportions harmonieuses, comprenant non seulement le jardin de réception

▲
Isola Bella : tout un petit peuple de statues anime les grottes de rocaille du théâtre d'eau.
Phot. F. Huguier

▲
Vivante parure des jardins d'Isola Bella, des paons blancs déambulent majestueusement parmi les arbustes dont les parfums embaument l'atmosphère.
Phot. F. Huguier

Double page suivante :
Les broderies de buis de Vaux-le-Vicomte, soulignées de brique pilée, de sable et de terre noire, ont consacré le talent de Le Nôtre, maître incontesté du jardin français.
Phot. Desjardins-Top

rapportaient des végétaux rares — plants, bulbes, boutures, graines —, exigeant un climat doux et un bon niveau d'humidité ambiante. Lobelias, cyclamens, roses, fritillaires, mais aussi tulipes, jacinthes, iris de Perse et d'Espagne, muscaris et cent autres espèces prospéraient sans difficulté dans des pots ou de modestes banquettes de culture. L'évaporation de l'eau du lac, surtout en période estivale, élimine les chaleurs sèches, souvent fatales à la végétation. Ainsi, à l'inverse de beaucoup de jardins italiens, dont les fleurs sont souvent bannies au bénéfice des plantations d'arbres, des bassins, des allées ou des broderies de buis, Isola Bella offre, avec quelques arbres et de nombreux arbustes à fleurs — notamment des camélias et des magnolias —, une riche coloration tout au long de l'année, comme un joyau serti dans un paysage de rêve.

Le rococo allemand

D'abord simple résidence d'été des princes-évêques de Würzburg, le château de Veits-höchheim, en Allemagne fédérale, fut construit en 1680, mais l'aménagement du parc date de la première moitié du XVIIIe siècle. Inspiré directement du jardin à la française et du style rococo — cette charmante et gracieuse descendance du noble baroque italien —, le *Hofgarten* est un témoin intéressant d'un mariage de styles particulièrement goûté en Bavière et en Autriche.

Sur ses 13 ha, de nombreuses statues légères, malicieuses, primesautières, rythment les allées, parmi les fontaines, les bosquets, les charmilles rigoureusement taillées. Une large pièce d'eau donne asile à une île d'un rococo parfait, où Pégase règne sur un monde de dieux et de déesses. C'est un jardin heureux, plein d'humour et de joie de vivre, reflet de l'aimable frivolité d'une époque. Tout au plus peut-on s'étonner que les princes qui le créèrent aient été, en même temps, évêques...

Naissance du jardin français

Les jardins de Courances, près de Milly-la-Forêt, en Île-de-France, méritent une place à part. Le petit château remanié dans le style Louis XIII par Claude Gallard, président de la Chambre des comptes, était, en 1662, entouré d'un parc où le goût de la Renaissance se teintait déjà des signes avant-coureurs de la grandeur française. Sur ses 25 ha, le caractère principal — et exceptionnel — de Courances, très voisin de celui que nous lui connaissons aujourd'hui, était le règne de l'eau dormante, vivant reflet du ciel et des nuages. Plusieurs sources et l'École, petite rivière habilement utilisée, alimentaient les nombreux bassins, miroirs et fontaines. Les broderies de buis avaient disparu ainsi que le potager et les nombreux vergers, abandonnés jusqu'à la fin du siècle dernier. On a recréé aujourd'hui un jardin dans l'esprit du XVIIIe siècle — la monumentale allée de platanes date de 1782 —, et l'eau, toujours omniprésente, justifie parfaitement le dicton : «Les parterres de Cely, les bois de Fleury et les eaux de Courances sont trois merveilles de la France.»

À peu près à la même époque, le 17 août 1661 exactement, Nicolas Fouquet, surintendant des Finances de Louis XIV, donne à Vaux, près de Melun, le signal de la fête. Venu de Fontainebleau dans la journée, le roi est présent avec la Cour. Par cette belle soirée d'été, jusque tard dans la nuit, Vaux sera un jardin enchanté, où Molière donne la première des *Fâcheux*.

Cinq ans plus tôt, il n'y avait à Vaux qu'un modeste château, environné de 6 000 ha de bois et de labours. Depuis, on a rasé trois villages, détourné une rivière, engagé des centaines d'ouvriers commandés par des artistes relativement peu connus, mais talentueux : Louis Le Vau, architecte ; Charles Le Brun, décorateur ; François Girardon, sculpteur, et André Le Nôtre, jardinier ; et de nombreux spécialistes, tels La Quintinie, pour l'organisation du potager, et le fontainier Claude Robillard,

chargé des fonctions d'hydraulicien. Vaux vient de naître. La réussite est totale. Les milliers d'invités s'émerveillent. Mais Fouquet a péché par orgueil. Ce sera sa perte.

Arrêté quelques semaines plus tard — on voit encore, à Vaux-le-Vicomte, l'ordre royal enjoignant à M. d'Artagnan d'opérer cette arrestation —, Fouquet périra en prison après dix-neuf années de détention. En fait, il était déjà condamné secrètement depuis plusieurs

◄
Le fontainier Claude Robillard a aidé Le Nôtre à égayer d'eaux jaillissantes la splendide ordonnance de Vaux-le-Vicomte.
Phot. Desjardins-Top

mois, et on se demandera toujours pourquoi il nargua la toute-puissance de Louis XIV. Le roi, alors âgé de vingt-trois ans, résidait à cette époque soit à Fontainebleau, soit à Versailles, dans un décor (palais et jardins) hérité de Louis XIII. Les améliorations étaient lentes, désordonnées, et il est certain que les accomplissements de Vaux furent à l'origine des splendeurs parfaitement orchestrées de Versailles. Pour nous, le miracle réside dans le fait que, en parcourant les jardins de Vaux-le-Vicomte, on jouit — à quelques détails près — du spectacle offert jadis à Louis XIV.

Par un exceptionnel concours de circonstances — mais aussi par la volonté de Fouquet et grâce à sa fortune ! —, les aménagements furent réalisés d'un seul jet, avec une seule équipe, sur un seul plan. Il en alla tout autrement pour Versailles, dont l'achèvement — relatif — exigea plus de cinquante ans.

Pendant deux siècles, Vaux sombra dans l'oubli. Racheté en 1875 par Alfred Sommier, le domaine fut définitivement remis en état en 1928. Les gravures d'Israël Silvestre, exécutées au XVIIe siècle, ont permis cette remarquable reconstitution. Divisés en parterres de broderies, les jardins descendent insensiblement par terrasses et degrés rythmés par des canaux et des bassins, offrant à chaque pas une nouvelle découverte, une surprise visuelle.

▲
Statues, vases de pierre et arbres taillés dans le goût italien rehaussent les gazons de Vaux-le-Vicomte.
Phot. Desjardins-Top

des jardins paradis

17

Des grottes dans le goût italien abritent deux statues, *le Tibre* et *l'Anqueil* (la petite rivière qui alimente le Grand Canal), exactes répliques de celles *(le Tibre* et *l'Arno)* qui ornent les fontaines de la villa Lante, et que Le Nôtre, lors de son voyage en Italie, avait fort admirées. Échanges et inspirations partagées ont toujours été le lot commun en matière artistique ! D'ailleurs, Vaux est, à plus d'un titre, l'orchestration savante et magistrale de nombreux thèmes italiens : terrasses en décrochement, broderies rehaussées de terre de couleur, art topiaire parfaitement maîtrisé, cascades, fontaines et buffets d'eau somptueux, grottes artificielles, statues à l'antique...

Après les jardins paradis de la Renaissance s'ouvre l'ère des jardins de faste, véritables théâtres où la société européenne se retrouvera pendant tout le XVIIIe siècle. Vaux conserve toutefois une dimension humaine. Le Miroir (le bassin situé presque à l'extrémité des jardins) reflète d'un côté le château, de l'autre les grottes dominant le canal : c'est un des jeux imaginés par Le Nôtre, ravi de combiner les lois de l'optique avec celles de l'hydraulique.

Versailles ou la toute-puissance

Après l'arrestation de Fouquet, tous les artistes qui avaient créé Vaux furent engagés à Versailles. Alors que, à Vaux, où l'ensemble « palais-jardin » fut considéré comme un tout, la perspective est fermée par une statue d'Hercule posée sur l'horizon, à Versailles, rien ne limite le regard. Le roi le plus puissant de la Terre ne saurait tolérer une limitation à son pouvoir. Les percées principales s'en vont à l'infini, encore

▲
Construite par Mansart au pied du château de Versailles, l'Orangerie abrite par temps froid, dans ses vastes galeries voûtées, les plantes trop fragiles pour affronter les rigueurs de l'hiver.
Phot. Souverbie-Gamma

▲
Magicien de Versailles, Le Nôtre se surpassa pour créer un environnement digne du château que le Roi-Soleil voulait le plus beau du monde.
Phot. Mazin-Top

allongées par une habile utilisation des lois de la perspective. De toutes les pièces du château, le regard embrasse bosquets et parterres. Le Nôtre y a développé ses principes : symétrie dans l'ordonnance générale, diversité dans la composition des massifs, garnis de fleurs innombrables. Dans les multiples jardins, des milliers de courtisans, de serviteurs, d'invités croisaient, à certaines époques, plus de cinquante mille ouvriers et jardiniers. Placé sous le signe du Soleil — les bassins d'Apollon et de Latone sont particulièrement évocateurs —, Versailles est une démesure organisée, un univers qui mit plus de cinquante ans à naître. Le Nôtre fut le grand ordonnateur de ces « chers jardins », dont il dirigea l'aménagement de 1662 à 1693, année de sa retraite. À l'exception de certaines modifications mineures, Versailles, parfaitement protégé, est resté dans son état d'origine.

Dans ce monde immense, le Grand Trianon fait figure de maison de campagne, et ses jardins se veulent — tout est relatif ! — modestes et « naturels », à l'écart de l'activité débordante du château.

Versailles est l'apogée du jardin-spectacle où l'orgueil, la richesse, le faste règnent souverainement. La nature, elle aussi, s'était pliée totalement à la volonté du prince, mais, dès le début du XVIIIe siècle, et surtout après la mort de Louis XIV, en 1715, on commença, de cent façons différentes et dans tous les domaines, à oublier un siècle de rigueur et de pompe solennelle. Les signes avant-coureurs, pour discrets qu'ils furent, n'en sont pas moins évidents, et l'art des jardins n'y échappa pas. Il n'était plus le reflet de la nature asservie, contrainte et mutilée, offrant un spectacle parfait, mais glacé. Arbres et fleurs devaient désormais s'épanouir en toute liberté. Cette évolution des conceptions allait prendre les formes les plus diverses, parfois les plus extrêmes. Le jardin contemporain était doucement en train de naître, provoquant, lui aussi, un foisonnement de recherches nouvelles ■ Maurice FLEURENT

▲ *Reflet d'une époque éprise de mythologie antique, cette allée ombragée des jardins de Versailles est dite « de Flore et de Cérès », et ses bassins sont dédiés aux deux déesses.*
Phot. Mazin-Top

▶ *Les jardins de Versailles sont émaillés d'innombrables pièces d'eau, dont l'alimentation imposa un travail colossal aux ingénieurs hydrauliciens de Louis XIV. (Parterres de Latone.)*
Phot. Bouillot-Marco Polo

Le style français

Si l'art des jardins atteignit la perfection en France — et peut-être dans le monde — avec l'œuvre immense accomplie à Versailles par Le Nôtre, le génie français avait déjà quelques très belles réalisations à son actif, en particulier les créations de la famille Mollet. Jacques, qui fut jardinier du duc d'Aumale, mourut en 1595. C'est vers la même époque que son fils Claude réalisa les jardins d'Anet et de Saint-Germain ; il excellait en broderies dans le goût italien et aménagea le jardin des Pins au palais de Fontainebleau. En 1613, son épouse tint, comme marraine, le nouveau-né André Le Nôtre sur les fonts baptismaux ! Un des fils de Claude, André, fut maître des jardins de la célèbre Christine de Suède et exposa ses théories en 1651, dix ans avant que Le Nôtre (lui aussi fils et, peut-être, petit-fils de jardinier) n'achève le parc de Vaux. Vers 1662, André et Gabriel Mollet étaient jardiniers du roi d'Angleterre, et, jusqu'en 1720, d'autres Mollet donnèrent au jardin français ses caractéristiques essentielles et assurèrent son rayonnement européen. Les Mollet ne sont certes pas les seuls jardiniers célèbres, mais leur famille reflète parfaitement l'excellence et la notoriété des créateurs français qui, depuis le milieu du XVIe siècle, préparèrent l'éblouissant feu d'artifice qui couronna le règne de Louis XIV et consacra le génie de Le Nôtre.

Ce qui, après deux siècles de recherches, allait devenir le « style français » a des sources multiples. La tradition antique s'affirme par les plans d'eau et les éléments architecturés, végétaux et minéraux. Le jardin médiéval apporte la division des massifs, l'association des plantes à fleurs avec les potagers, les espèces rares, les orangeries, les « ménageries ». Les jardins de la Renaissance — principalement les réalisations italiennes — mettent au premier plan l'espace, avec ses longues avenues, ses perspectives, la large respiration d'un ensemble ponctué de statues, d'escaliers, de rampes, de bassins majestueux.

Des découvertes récentes dans le domaine de la physique, notamment les lois de la perspective et de la perception visuelle, ainsi que la parfaite maîtrise des jeux d'eau (c'est en 1643 que Torricelli procéda à sa fameuse expérience, suivie, un an plus tard, de son traité sur l'écoulement des liquides) apportèrent une contribution essentielle à l'art des jardins.

De Drottningholm, près de Stockholm, en 1670, au Belvédère de Vienne, entre 1714 et 1720, l'Europe se couvrit de jardins « à la française ». Dès 1716, juste après la mort de Louis XIV, les artistes qui avaient fait Versailles, et en particulier les jardiniers, se dispersèrent. Un groupe important, sous la direction d'Alexandre Leblond, qui avait travaillé avec Le Nôtre, prit le chemin de Saint-Pétersbourg, invité par Pierre le Grand. Outre la célèbre perspective Nevski, Leblond dessina et entreprit la réalisation des jardins de Peterhof, le « Versailles » de Pierre le Grand, seul témoin en

▲
Aux environs de Leningrad, le parc de Petrodvorets (Peterhof) et son « canal maritime » révèlent la forte impression que les fastes de Versailles avaient produite sur le tsar Pierre le Grand.
Phot. S. Held.

Russie du célèbre style français. Leblond mourut en 1719, mais son successeur, l'Italien Nicolo Michetti, exécuta scrupuleusement le projet initial. Parmi des centaines de statues en bronze doré, des milliers de jets d'eau fusent d'innombrables bassins, ornent fontaines, canaux et cascades : Peterhof, c'est le triomphe de l'eau bondissante. Peut-être manque-t-il à ce jardin, d'une imposante perfection, une touche de majesté et une ombre de génie...

Rousseau
et la révolution anglaise

Après avoir été, comme toute l'Europe, mais pendant une période plus brève, influencée par le jardin français, l'Angleterre allait s'en distinguer. Depuis toujours sensible aux beautés de la nature, plus encore que l'Italie, la France ou l'Allemagne, disposant, de par ses structures sociales, économiques et politiques, de nombreux et vastes domaines, riche de sa puissance déjà solidement établie, l'Angleterre prit, en matière de jardins, la tête d'une véritable révolution : on allait briser les organisations rigoureusement symétriques, éliminer le compas et la règle qui avaient fait du jardin un concept plus qu'un reflet vivant de la nature. Ce goût nouveau s'observe d'ailleurs simultanément en France, et il est bien difficile de déterminer avec certitude la source — les multiples sources ! — de cette vague de fond qui devait tout emporter.

Les découvertes agricoles, horticoles et arboricoles affluant sans cesse du monde entier avaient fait naître des vocations de curieux, de naturalistes, de collectionneurs et d'hybrideurs ; elles ne furent évidemment pas étrangères à la réforme qui se développait. Ainsi, au Jardin des Plantes de Paris, Bernard de Jussieu introduisit, en 1734, un cèdre du Liban (il est toujours bien vivant) et, en 1774, planta un pin Laricio dont la graine — la première ! — avait été rapportée de Corse par le ministre Turgot.

Déjà se manifestait la volonté de rejeter les contraintes d'un formalisme trop pesant. On percevait, dans bien des domaines, un bouillonnement d'intérêt pour une conception nouvelle du monde. En un mot, il régnait partout un parfum de liberté.

En 1766-67, Jean-Jacques Rousseau fit un séjour en Angleterre. Il avait été invité à Wootton Hall, dans le Staffordshire, pour y travailler à ses *Confessions*. Il y botanisa, bien sûr, et fut particulièrement enthousiasmé par les fougères et les mousses. Dans une lettre adressée à un ami, il décrit le jardin anglais qu'il a sous les yeux et qui est pour lui une véritable révélation. Il dit notamment : «Je puis fouler ici la plus merveilleuse pelouse qui soit au monde... Ce parc, si l'on peut utiliser un tel mot pour décrire ce lieu où toutes les beautés du monde semblent réunies [...] Ces jardins anglais, bien moins «peignés», mais d'un goût infiniment plus sûr que nos jardins...» En 1772,

▲
Versailles : l'automne ajoute sa parure d'or aux perspectives des allées ouvertes par Le Nôtre autour du Grand Trianon.
Phot. Berne-Fotogram

il confia d'ailleurs à la duchesse de Portland, non sans fierté, qu'il avait été « le premier, sur le Continent, à célébrer et à faire connaître les jardins anglais ».

Toute l'œuvre de Rousseau fourmille de ces prises de position, courageuses pour l'époque. En imaginant un homme riche, mais de goût douteux, il le décrit rêvant à son futur jardin : « Les beaux alignements qu'il prendrait ! Les belles allées qu'il ferait percer ! Les belles pattes d'oie, les beaux arbres en parasol, en éventail ! Les beaux treillages bien sculptés ! Les belles charmilles bien dessinées, bien équarries, bien contournées ! Les beaux boulingrins de fin gazon d'Angleterre, ronds, carrés, échancrés, ovales ! Les beaux ifs taillés en dragons, en pagodes, en marmousets, en toutes sortes de monstres ! Les beaux vases de bronze, les beaux fruits de pierre dont il ornera son jardin ! Je suis persuadé que le temps approche où l'on ne voudra plus, dans les jardins, rien de ce qui se trouve dans la campagne ; on n'y souffrira plus ni plantes ni arbrisseaux ; on n'y voudra que des fleurs de porcelaine, des magots, des treillages, du sable de toutes les couleurs et de beaux vases pleins de rien. »

On ne saurait imaginer charge plus sévère contre tout ce qui caractérise le jardin français ! Il est vu exactement, parfaitement, cruellement... et, c'est évident, avec une excessive sévérité.

Rousseau conclut ainsi ce passage de *Julie ou la Nouvelle Héloïse,* publié en 1761 : « Je ne vois dans ces terrains si vastes et richement ornés que la vanité du propriétaire et de l'artiste qui, toujours empressés d'étaler l'un sa richesse et l'autre son talent, préparent à grands frais de l'ennui à quiconque voudra jouir de leur ouvrage [...] L'air grand est toujours triste ; il fait songer aux misères de celui qui l'affecte. » Critique esthétique, mais aussi morale, sociale et politique : la Révolution est en marche.

Après avoir influencé la société parisienne, le bonhomme Rousseau, promeneur solitaire,

mourut à Ermenonville en 1778 et fut inhumé dans la propriété du marquis de Girardin. C'est un immense parc où la nature apprivoisée, avec tombeaux, ruines artificielles et temple de la Philosophie, est un reflet parfait des recherches et des rêves des poètes en cette fin de siècle, en ce début d'une ère nouvelle. Au siècle de Bernardin de Saint-Pierre et de Hubert Robert, l'élan était donné.

C'est au hameau du Petit Trianon de Versailles, avec son moulin et ses bergeries, que Marie-Antoinette apprit, dit-on, la prise de la Bastille. Les merveilleux jardins de Chantilly, également signés de Le Nôtre, virent s'édifier un autre charmant hameau, doté, lui aussi, d'un moulin à eau. Malheureusement, ce retour vers la nature et l'anglomanie envahissante provoquèrent des dégâts irréparables dans beaucoup de domaines. À Chantilly, précisément, les jardins à la française de Le Nôtre furent amputés de leur plus belle parcelle pour faire place à un parc à l'anglaise. Le jardin des Pins, au palais de Fontainebleau, connut un sort semblable à la même époque.

L'Angleterre, donc, allait être à la mode. Le jardin de Bagatelle, créé en 1777 dans le bois de Boulogne, à Paris, par le comte d'Artois, frère de Louis XVI, est un excellent exemple de la vague d'anglomanie qui déferla sur la France. Son parc paysager, ses lacs, ses grottes, ses « ruines », sa roseraie témoignent parfaitement de cette période.

Les précurseurs britanniques

Dès 1712, date mémorable, Joseph Addison et Alexander Pope, poètes et essayistes, le second particulièrement épris d'horticulture, s'insurgent contre les jardins trop bien tracés et figés. Le mouvement est lancé. En 1730, William Kent, artiste peintre, mais aussi architecte de jardins, bouleverse de nombreux domaines

▲ *Victoire du « style paysager » sur le style français, le bosquet des Bains d'Apollon, sa grotte et ses statues font partie des aménagements qu'Hubert Robert apporta au parc de Versailles à la demande de Louis XVI.*
Phot. Souverbie-Gamma

▶ *Au XVIIIᵉ siècle, les Anglais réagirent contre la mode des jardins français en composant des « paysages » tout aussi élaborés, mais dont l'aspect général restait naturel. (Wakehurst Place.)*
Phot. Smith-A. Hutchison Lby

irréguliers et les rivières serpentines remplacent définitivement les massifs géométriques et les pièces d'eau circulaires ou rectangulaires. Brown construit même de « vieux » ponts, des temples et jusqu'à des pagodes dans le goût du jardin chinois, alors très en vogue et, lui aussi, d'un naturel très étudié.

Après la mort de Brown, en 1783, Humphrey Repton amplifie l'œuvre de ses prédécesseurs. Toute l'Angleterre devient le merveilleux jardin qu'elle restera jusqu'à nos jours.

Un témoin du XVIIIᵉ siècle

Une des créations les plus intéressantes de l'époque, dessinée et plantée à partir de 1744 et toujours conservée dans son état originel, est le jardin de Stourhead House, dans le Wiltshire. Le centre d'intérêt de l'ensemble est un grand lac. Ce miroir aux eaux sombres ou lumineuses, selon la couleur du ciel, sert de faire-valoir aux arbres remarquables qui l'entourent. Les dégradés de verts, du plus clair au plus sombre, l'or et le feu des feuillages automnaux habilement profilés sur le ciel — on pourrait presque dire « peints » sur le paysage — ont conduit certains admirateurs à évoquer un chef-d'œuvre pictural. La volonté affirmée du créateur était d'ailleurs de composer un tableau dans l'esprit de Claude Lorrain.

Ces masses d'arbres produisent, selon leurs couleurs — et selon leurs nuances dans chacune des couleurs ! —, une symphonie visuelle réglée, équilibrée avec une rigueur extrême, malgré son apparent abandon. Que la nature est donc belle quand l'homme participe à son épanouissement !

En plus de ce miracle végétal, Stourhead offre de précieux enseignements sur les curiosités et les sources d'intérêt d'un grand bourgeois cultivé de l'époque. Ici et là, Henry Hoare, le créateur (un très riche banquier), a placé quelques constructions. Voici un pont dans le style de Palladio, architecte de la Renaissance qui s'illustra par de célèbres villas et le théâtre de Vicence. Car l'Angleterre redécouvre Palladio et, dans une certaine mesure, l'esprit des jardins italiens. Étonnant retour des goûts et mélange des styles ! Toutefois, il faut reconnaître que la rigueur d'un pont palladien ou d'un temple grec se marie fort bien, en définitive, avec un décor paysager de 1740.

Car il y a aussi un temple grec d'ordre dorique, dit « temple de Flore », une grotte d'où une nymphe inspirée de l'antique laisse s'écouler une source, un cottage gothique, le Panthéon, le temple d'Apollon (d'ordre corinthien), une immense croix gothique (authentique), un couvent et un obélisque surmonté d'un disque solaire ! Étrange accumulation, sans doute, et quelque peu surprenante, mais qui n'est pas sans rappeler les « souvenirs de voyage » que l'empereur Hadrien fit édifier, il y a vingt siècles, à Tivoli (près de Rome) autour de sa somptueuse villa, après ses nombreux déplacements dans l'Empire. Les constructions de

créés dans le goût français et donne une place prépondérante au paysage. Des *landscapes* (« paysages ») désormais célèbres vont naître : Carlton House, Chiswick, Stowe, Rousham, toujours présents et merveilleusement entretenus. Vive donc la nature « vraie »... ou presque ; Kent, pour faire plus naturel, va jusqu'à planter des arbres morts (certains créateurs contemporains de jardins japonais le font parfois, mais pour des raisons philosophiquement différentes). Chacun veut retrouver le *Paradis perdu* célébré par John Milton près d'un siècle auparavant.

Toutefois, les évolutions ne sont jamais très rapides en matière d'art des jardins, et les créateurs britanniques vont encore, pendant un certain temps, mêler la rigueur française à l'insertion naturelle dans le paysage. Ils vont aussi doter leurs propriétés de terrains de jeu de quilles, sport qui fait fureur à l'époque. Ces *bowling-greens,* sortes de cuvettes gazonnées rectangulaires, seront rapidement accueillis en France, et avec faveur, sous le nom de « boulingrins ».

En 1741, une autre étoile monte au firmament des architectes de jardins : Lancelot Brown, dit *Capability* car il possède, dit-on, toutes les capacités offertes à un artiste, devient la coqueluche des propriétaires. Les pelouses plantées de bouquets d'arbres, les lacs aux contours

▲

Versailles : reflétant les thèmes chers à J.-J. Rousseau, les jardins du Petit Trianon, dessinés pour Marie-Antoinette, sont parsemés de constructions décoratives. (Temple de l'Amour, de Mique et Deschamps.)
Phot. Mazin-Top

▶

Le parc de Stourhead House est l'une des premières réalisations du « style paysager » anglais, et il reste, avec son lac et la variété de ses essences, l'une des plus réussies.
Phot. Smith-A. Hutchison Lby

Stourhead peuvent être considérées comme un exemple parfait d'application à l'art des jardins de la sensibilité humaniste qui imprime sa marque profonde dès le milieu du XVIIIᵉ siècle. Certaines de ces constructions sont d'ailleurs dues au fils du créateur, Henry Hoare II, dit « le Magnifique ». Cette volonté de concilier et d'harmoniser la présence de l'homme et de son histoire avec un paysage poétisé et tendant à la perfection ne conduit-elle pas à faire renaître un « paradis retrouvé » ? Que de chemin parcouru pendant les trente années écoulées depuis la mort de Louis XIV, en pleine gloire de Versailles !

Au fil des ans, on a planté, avec un goût extrême, des arbres venus de tous les horizons. Stourhead House s'est notamment enrichi de nombreux conifères, d'érables et surtout de rhododendrons, dont l'introduction en Europe ne remonte qu'au milieu du XVIIIᵉ siècle.

métaphysiques, de créer un jardin à leur juste mesure. C'était du grand art ! On peut encore admirer ses œuvres à Tatton Hall, à Luscombe et à Sheringham Hall. Cet « inventeur » infatigable présentait à ses clients des vues, fort bien dessinées, des jardins et du paysage environnant tels qu'ils étaient initialement. Puis, en posant un jeu de caches sur le croquis, il suggérait plusieurs solutions pour la nouvelle disposition des lieux. Certains de ces dioramas ont été conservés et renseignent parfaitement sur les méthodes de travail de l'artiste.

Avec Repton, au début du XIXᵉ siècle, se situe l'apogée des jardins paysagers anglais. Ce mariage étroit entre le jardin et le paysage, entre les essences indigènes et les plantes importées, l'intelligente et subtile rigueur des plantations, dissimulée sous un désordre apparent, résument plus d'un siècle de recherches passionnées... et réussies.

Retour à la mesure

À la vérité, depuis le milieu du XIXᵉ siècle, les créations de grands domaines étaient moins fréquentes en Europe. D'abord parce que beaucoup de jardins avaient été transformés ou replantés ; ensuite parce que, malgré l'expansion industrielle et économique générale — et celle de l'Angleterre en particulier —, il convenait d'adapter les nouvelles tendances du jardin naturel à des dimensions plus modestes et donc moins onéreuses.

En 1873, William Robinson, un jardinier irlandais, s'était associé à miss Gertrude Jekill, peintre de talent et excellente jardinière. Ils démontrèrent que, même sur un petit espace, sans bouleverser le sol, sans remuer des tonnes de terre, sans creuser des lacs profonds et des rivières artificielles, en un mot en respectant

Le triomphe de l'anglomanie

L'influence de Kent, de Brown et de Repton s'étendit sur l'Europe comme une traînée de poudre. Dès la fin du XVIIIᵉ siècle et au début du XIXᵉ, Allemands, Suédois, Russes et Français bouleversèrent leurs jardins traditionnels, creusèrent des lacs, élevèrent des collines, firent couler des rivières, construisirent des temples et plantèrent des arbres !

On imita Repton qui, avant de créer, s'inspirait de l'âme du lieu, interrogeait les propriétaires et s'efforçait, par une communion avec leurs préoccupations secrètes, artistiques ou

▲
Les jardins élisabéthains de Sissinghurst Castle ont été reconstitués tels qu'ils étaient au XVIᵉ siècle, avec leur cloisonnement de haies et les mille fleurs de leurs massifs géométriques.
Phot. Bethell-A. Hutchison Lby

totalement la nature, il était possible, pour un prix relativement bas, de créer des jardins remarquables en disposant intelligemment les végétaux. Mais, pour cela, le jardinier devait savoir utiliser parfaitement les couleurs, leurs associations, les rapports subtils entre les formes des différentes plantes, le mélange de celles-ci avec les arbustes à fleurs, etc.

L'idée d'appliquer à l'art des jardins les techniques utilisées pour la peinture de chevalet n'était pas nouvelle. Le Nôtre lui-même avait travaillé dans l'atelier de Simon Vouet, dont le Louvre conserve quelques peintures ; William Kent était peintre de carrosses, et l'on s'inspirait de Claude Lorrain ou d'Hubert Robert. Les formules de Robinson et de miss Jekill n'en eurent pas moins un retentissement considérable. Il n'est pas inutile de souligner cet incessant passage, inconscient ou délibéré, entre la création du peintre, qu'il s'agisse de tableaux ou de fresques, et la volonté de domination du jardinier sur les plantes avec lesquelles il ordonne son jardin. La réciproque est vraie, car, vers la même époque, de nombreux peintres s'inspirèrent des créations jardinières pour composer leurs toiles : Auguste Renoir, Claude Monet,

Berthe Morisot ont peint des jardins libérés de leurs corsets traditionnels, et le mécène Caillebotte, qui encouragea et protégea une pléiade d'artistes, était un excellent jardinier.

La nouvelle tendance était à la discrétion. Confidentiel et raffiné, le jardin devint l'œuvre d'amoureux de la nature peu fortunés, qui n'avaient d'autre souci que la vérité et la simplicité.

C'était exactement le cas de miss Sackville West et du major Harold Nicholson, qui devint plus tard son mari. Descendant en ligne directe de sir John Baker, qui, en 1535, avait fait construire le manoir de Sissinghurst, près de Londres, miss West se lança dans une folle entreprise. Elle décida, en 1930, de restaurer le donjon, de relever quelques murs ruinés et de recréer les jardins, d'esprit élisabéthain, qui entouraient le château au milieu du XVIᵉ siècle. On y trouvait alors des pavillons, des statues, des jardinets clos et secrets, composés de façon à atteindre leur plein épanouissement en différentes saisons, enrichis chaque année des plantes qui commençaient à arriver des quatre coins du monde : jasmins, cyclamens, campanules, jonquilles, roses et buissons ardents.

Trente années durant, les propriétaires s'attelèrent à la tâche, tinrent le pari — le *challenge* — et, avec une patience infinie, utilisant les morceaux d'architecture encore existants, reconstruisirent Sissinghurst Castle et ses jardins. C'est, aujourd'hui, un résumé éloquent de ce que peut être un jardin contemporain intelligent.

Le « jardin blanc » offre ses floraisons de printemps et d'été. Une allée printanière, inspirée du *Printemps* de Botticelli, rythmée par des cultures en somptueuses potées, voisine avec des *mixed-borders* (massifs réunissant plusieurs espèces) de plantes vivaces. Un « jardin secret » de quelque 400 m² offre un festival de fleurs, dont les nuances, changeant de semaine en semaine, sont étroitement associées. Une longue allée d'azalées et d'iris descend vers un étang. Celui-ci limite un verger de pommiers, émaillé, au printemps, de jonquilles. Un petit carré de plantes aromatiques et officinales donne à l'ensemble sa touche de jardin privé… malgré les cohortes de visiteurs éblouis. Dans ce jardin paradis règne néanmoins un étrange climat de respect émerveillé. On a dit de ce chef-d'œuvre de simplicité qu'il était le plus beau jardin de Grande-Bretagne.

◀

Comme un peintre fait chanter sur la toile les couleurs de sa palette, le jardinier doit savoir composer une harmonie en mêlant adroitement les différentes fleurs dont il dispose.
Phot. Tixador-Top

▲

Coquetterie d'artiste, le « jardin blanc » de Sissinghurst Castle, alliant pavots, arums et rosiers, prouve que la monochromie peut aussi avoir ses charmes.
Phot. F. Huguier

▶

Séoul (Corée) : le Biwon, « jardin secret » du palais Chandok, est une sorte de forêt raffinée, parsemée d'étangs artificiels où se mirent des kiosques au toit retroussé.
Phot. Michaud-Rapho

Une leçon extrême-orientale

Cette simplicité est, depuis près de dix siècles, l'apanage des jardins japonais, qu'ils soient bouddhiques et naturels, dépouillés à l'extrême dans la tradition zen ou plus décoratifs, depuis le XVIIIe siècle. Leur style, qui présente toutes les formes du raffinement, est en partie influencé par les remarquables jardins chinois.

Découverts par l'Europe au XVIIIe siècle, les jardins chinois connurent une grande vogue, surtout en Angleterre, et donnèrent naissance à des ensembles dits « anglo-chinois », comportant ponts, lacs et pagodes. Jean Denis Attiret, un jésuite français qui fut le peintre attitré de l'empereur de Chine, fit, dès 1757, une description précise des jardins qu'il avait sous les yeux. Mais c'est surtout William Chambers qui, vers 1772, renforça le courant amorcé depuis une quarantaine d'années en publiant ses observations sur un long voyage en Chine. On lui doit notamment le célèbre jardin de Kew, près de Londres, où se dresse toujours une haute pagode. Quant au botaniste allemand Kämpfer, il laissa, outre son nom associé à un iris — *Iris Kaempferi* — une histoire du Japon publiée en 1723.

Depuis longtemps, le Japon s'était inspiré des jardins chinois, en y associant étroitement un style et des démarches profondément

▲

Séoul (Corée) : s'il faut en croire la petite histoire, l'un des pavillons qui se cachent sous les ombrages du Biwon aurait jadis abrité les orgies de Yon San Gun, le souverain prodigue.
Phot. S. Held

▲
*De toutes les villes chinoises, Suzhou (Sou-tcheou) a
toujours été la plus réputée pour ses jardins clos de
murs, où les bassins encombrés de lotus tiennent une
place importante.*
Phot. M.-L. Maylin

originaux. Au VIIIᵉ siècle, Nara, l'ancienne
capitale, s'effaça devant Kyōto, qui devint le
centre culturel et artistique du Japon. Elle le
resta jusqu'en 1603. Au fil des siècles, des
temples bouddhiques s'élevèrent, toujours plus
grands, toujours plus riches. Les jardins qui les
entouraient étaient, pour les bonzes, des refuges
consacrés à la méditation et au recueillement.
Dans ces lieux privilégiés, une communion
complète s'établit entre l'homme et la nature,
entre le plus insignifiant insecte et les mystérieuses forces telluriques, entre la beauté d'une
fleur et le lever de la lune ou, musique parfaite,
le bruit de la pluie sur un étang.

Vers 1350 s'amorce une évolution insensible,
mais significative : désormais, le jardin doit
pouvoir être observé aussi bien de l'extérieur
de la maison que de l'intérieur. On assiste alors
à de remarquables créations, où l'ensemble
maison-jardin est traité d'un seul jet et avec la
même maîtrise. Le pavillon d'Or de Kyōto
(Kinkaku ji), édifié vers 1400 (mais reconstruit
en 1955), est placé au cœur d'un splendide
jardin-paysage et semble flotter sur le lac où il
se reflète. Conçu par Sōami vers 1480, le
pavillon d'Argent (Ginkaku ji) est intéressant à
double titre : il possède un « jardin sec » de
sable ratissé, évoquant, avec ses rochers et ses
mousses, les montagnes et la mer, dans la plus
pure tradition zen, et un jardin traité de façon

▲
Les teintes glorieuses que les érables prennent en
automne font la notoriété de la colline boisée de
Takao-san, agréable but de promenade dominicale
pour les habitants de Tōkyō.
Phot. Perno-Fotogram

des jardins paradis

▲
Comme la plupart des sanctuaires japonais, le Kin-kaku-ji (pavillon d'Or) de Kyōto, ancienne résidence d'un shogun transformée en temple, est entouré d'un jardin invitant les visiteurs au recueillement.
Phot. E. Guillou

▲
▲▶
Jardiniers experts, les Japonais ont obtenu, à force de patience, des variétés de fleurs adoptées dans le monde entier, notamment pour les iris, les azalées et les chrysanthèmes.
Phot. Perno-Fotogram

naturelle, dans l'esprit des jardins chinois. Les caractères essentiels de ces derniers étaient déjà fixés depuis plusieurs siècles : montagnes et vallées, lacs, bouquets d'arbres et de bambous, plages et îles sur les étangs qu'enjambent d'élégants ponts de bois.

Le plus remarquable jardin de mousses de Kyōto est associé au temple Saihō ji, construit vers 1340. La vingtaine d'espèces végétales utilisées forme un tapis aux couleurs subtiles. On y apprécie notamment, après une averse, l'irisation particulière des gouttelettes d'eau accrochées aux minuscules rameaux des mousses. Spectacle fugitif, mais d'un raffinement exquis. Intégré à un jardin bouddhique traditionnel, le lac, qui, par ses contours et les rochers qui en émergent, dessine l'idéogramme signifiant « cœur », est un message adressé au ciel... ou au spectateur.

Perfection du jardin zen

Kyōto possède également, entre cent autres jardins dignes d'intérêt, le jardin sec du Ryōan ji, considéré comme le modèle du genre. Imaginé en 1473 par Sōami, c'est un rectangle d'une trentaine de mètres sur dix, limité par un mur, comme tous les jardins zen. Quinze rochers, répartis en cinq groupes, « flottent » sur une mer de sable, ratissée chaque jour, où la lumière joue comme sur des vagues figées. Chaque heure y fait naître des reflets et des ombres. Malgré son dépouillement extrême, sa perfection ne peut laisser insensible le voyageur occidental, auquel échappe, hélas ! l'essentiel du message symbolique et religieux. Il n'en va pas de même pour les dizaines de milliers de visiteurs japonais et, notamment, les groupes scolaires, accompagnés de leurs professeurs. Il faut voir ces garçons et ces fillettes de douze à quinze ans écouter passionnément les explications qui leur sont données et admirer cet espace apparemment dénué de toute séduction.

À partir du XVIᵉ siècle, on vit s'élever à Kyōto, à côté des temples, de nombreuses et luxueuses résidences de dignitaires ou de hauts fonctionnaires. Celles-ci étaient évidemment entourées de jardins. Le palais impérial et son parc donnant le ton, il ne fallait pas être en reste ! La plus belle de ces demeures, la villa Katsura, fut construite vers 1620 par Kobori Enshū, continuateur de Sōami et l'un des plus célèbres architectes de jardins, pour le prince Toshihito Hachijō. Une vingtaine d'années plus

tard, le prince Toshitada l'agrandit sans en modifier la conception.

Katsura offre un résumé presque parfait de l'art des jardins au cours des cinq siècles précédents. On y trouve des végétaux remarquables, tels les *Cryptomeria japonica*, dont le bois servit à édifier d'innombrables temples vieux de plus de mille ans. Ici et là, des pins de différentes espèces furent volontairement et patiemment déformés, comme autant de *bonzaï*

(arbres nains) géants, afin de mieux s'intégrer au paysage conçu par l'architecte. Et, bien entendu, azalées, rhododendrons, bambous, mousses et arbustes à fleurs d'une grande diversité composent des ensembles magnifiques, où masses et volumes se répondent et s'équilibrent dans un apparent désordre. Le ciel et l'eau, vivante ou miroir calme, jouent également leur rôle. Comme dans toutes les créations de cette époque, l'implantation des pavillons de thé a

été étudiée de façon que, à chaque heure de chaque saison, on puisse, de l'un ou l'autre de ces pavillons, jouir du meilleur spectacle, voir se balancer une branche fleurie ou se refléter dans le lac le disque argenté de la lune.

Depuis le XVᵉ siècle, d'innombrables écoles ont, tour à tour, défendu, modifié, transformé les jardins japonais, bouddhiques ou zen. « Finis » ou « rudes », ou encore « intermédiaires », plats ou montagneux, leurs différences

▲
Typiquement japonais, les «jardins secs» des monastères zen, dont l'apparent dépouillement cache une sophistication poussée à l'extrême, sont chargés de symboles destinés à favoriser la méditation.
Phot. Silvester-Rapho

▲
Les cactées arborescentes du jardin exotique de Monaco atteignent des dimensions exceptionnelles, même pour la Côte d'Azur.
Phot. Cash-Vloo

Les jardins contemporains

C'est sans doute en Grande-Bretagne que se trouvent les deux créations les plus originales du XXᵉ siècle.

En 1905, un Américain, le commandant Lawrence Johnson, achète un terrain de culture de 5 ha environ à Hidcote Bartrim, dans le Gloucestershire. Le sol est totalement nu, à l'exception d'un très beau cèdre du Liban. Lawrence Johnson va y créer le « plus beau petit jardin d'Angleterre ». Trois innovations fondamentales marquent son entreprise. Tout d'abord, il réunit des espèces végétales jusqu'alors cultivées séparément : arbres, rosiers et plantes vivaces. Mariage complexe et délicat, mais couronné de succès. Ensuite, il crée des « jardins dans le jardin », se succédant comme les pièces d'une vaste demeure, desservies par une galerie principale. Troisième innovation : à défaut de murs pour cloisonner ces différentes parties, Johnson plante des haies d'essences caduques ou persistantes, dont les fonctions sont à la fois décoratives et architecturales. En utilisant des fusains argentés, des ifs, des buis, des hêtres, des houx, parfois séparément, parfois associés, il obtient des couleurs différentes en été et en hiver.

Presque partout, le tapis vert d'un gazon parfait couvre le sol, les dégagements et les allées. Hidcote Manor, dont les innombrables rosiers font, en juin, une féerie de couleurs et de parfums, est la brillante démonstration de conceptions qui, au début de ce siècle, étaient révolutionnaires.

Dans sa sélection des plus beaux jardins d'Angleterre, Peter Coats souligne avec justesse que, de tous, Great Dixter est « le plus anglais ». Sir Edwin Lutyens, qui créa Great Dixter en 1912, était à la fois architecte de jardins et grand connaisseur de plantes. De plus, c'était un admirateur inconditionnel des nouvelles théories de miss Jekill, qui, à la fin du XIXᵉ siècle, avait déclenché une petite révolution et ouvert la voie aux jardins contempo-

semblent peu importantes. Cette modestie dans le propos — il n'y a pas rupture, révolution radicale — ne doit pas tromper. Une farouche volonté de contraindre les éléments naturels à obéir, à se soumettre, est constamment perceptible : cent détails le prouvent. Orgueil, sans doute, mais parfaitement dissimulé.

rains en récusant les ensembles pompeux et solennels, les *landscapes* immenses et coûteux, les hectares de plantations que seuls pouvaient s'offrir les nouveaux riches. De là naquit ce « jardin autour d'une maison », en l'occurrence une vieille ferme construite vers 1450.

Du printemps à l'automne, Great Dixter est un enchantement. Des *borders* de plantes vivaces et surtout de plantes annuelles, de plantes d'eau et de rocaille, font, de chaque pas,

◄

Victoria, capitale de la Colombie Britannique, a hérité de la passion des Anglais pour les jardins, et les très beaux Butchart Gardens font honneur aux horticulteurs et aux paysagistes canadiens.
Phot. Pictor-Aarons

l'occasion d'une découverte intéressante. Des végétaux rares, venus de tous les pays du monde et peu à peu acclimatés, et la juxtaposition habile des formes et des couleurs révèlent à la fois l'intelligence du collectionneur et la mise en scène de l'architecte avisé. Sur le fond de brique rose des séchoirs à maïs se détachent ici des lupins d'une exceptionnelle beauté, là d'immenses delphiniums dressés vers le ciel. Les propriétaires actuels continuent à planter ce jardin comme il l'était il y a cinquante ans, et Great Dixter reste le parfait témoin d'un passé relativement récent.

Combien de jardins naîtront dans le dernier quart de ce siècle ? Quelles œuvres contemporaines révéleront un nouveau style ou, plus exactement, un nouvel art de vivre en accord avec la nature ? Et quand pourrons-nous juger ces créations ou déplorer leur absence ? Il faut, en effet, plusieurs décennies pour qu'un ensemble végétal, aussi modeste soit-il, acquière son équilibre et sa patine.

Comme toutes les œuvres d'art, les jardins sont le reflet des civilisations qui les voient naître. Plus encore que la nature sauvage, souvent difficile à déchiffrer pour le profane, le jardin, insignifiant ou somptueux, génial ou maladroit, est toujours un message, une volonté de communication avec la nature, source de beauté et d'harmonie ■   Maurice FLEURENT

▲
Leur ambiance tropicale fait des célèbres Cypress Gardens l'une des attractions les plus courues de la Floride, paradis du tourisme organisé.
Phot. S. Held

▶
Non loin de La Haye, le splendide parc de Keukenhof présente quelque 700 variétés de tulipes, fleurs d'origine turque, dont les Hollandais ont maîtrisé la culture depuis des siècles.
Phot. Charbonnier-Top